我们的节日

中秋节

冯骥才 ● 主编
中国民间文艺家协会 ● 编

黄河出版传媒集团
宁夏人民教育出版社

《我们的节日·中秋》编委会

总策划：胡振民　王世明　覃志刚
　　　　李　牧　冯　远　杨志今
　　　　廖　奔　白庚胜

策　划：夏　潮　罗　杨　向云驹　赵铁信

主　编：冯骥才
副主编：向云驹
编　委：冯骥才　向云驹　赵铁信
　　　　刘晓路　王锦强　朱芹勤
　　　　高育武　孔宏图

目录

总序 /冯骥才 002

话说 006

神话 022

传说 030

风俗 042

饮食 058

文艺 070

后记 108

总 序

我们共同的日子

冯骥才

个人一年一度最重要的日子是生日,大家一年一度最重要的日子是节日。节日是大家共同的日子。

节日是一种纪念日,内涵却多种多样。有民族的、国家的、宗教的,比如国庆节、圣诞节等等;有某一类人如妇女、儿童、劳动者的,这便是妇女节、儿童节、母亲节、劳动节等等;也有与生产生活密切相关的,这类节日都很悠久,很早就有了一整套人们喜闻乐见、代代相传的节日习俗。这是一种传统的节日。比如,春节、元宵节、清明节、端午节、中秋节、重阳节等等。传统的节日为中华民族所共用和共享。

传统节日是在漫长的农耕时代形成的。农耕时代生产与生活、人与自然的关系十分密切。人们或为了感恩于大自然的恩赐,或为了庆祝辛苦的劳作换来的收获，或为了激发生命的活力，或为了加强人际的亲情，经过长期相互认同，最终约定俗成，渐渐把一年中某一天确定为节日，并创造了十分完整又严格的节俗，如仪式、庆典、规制、禁忌，乃至特定的游艺、装饰与食品，来把节日这天演化成一个独具内涵与情氛的迷人的日子。更重要的是，人们在每一个传统的节日里，还把共同的生活理想、人间愿望与审美追求融入节日的内涵与种种仪式中。因此，它是中华民族世间理想与生活愿望极致的表现。可以说我们的传统——精神文化传统，往往就是依靠这代代相传的一年一度的节日继承下来。

然而，自从20世纪整个人类进入了由农耕文明向工业文明的过渡，农耕时代形成的文化传统开始瓦解。尤其是我国，在近百年由封闭走向开放的过程中，节日文化——特别是城市的节日文化受到现代文明与外来文化的冲击。当下人们已经鲜明地感受到传统节日渐行渐远，日趋淡薄，并为此产生忧虑。传统节日的淡化必然使其中蕴含的传统精神随之涣散。然而，人们并没有坐等传统的消失，主动和积极地与之应对。这充分显示了当代中国人在文化上的自觉。

近五年，随着中国民间文化遗产抢救工程的全面展开，国家非物质文化遗产名录申报工作一浪高过一浪的推行；2006年国家将每年6月的第二个周六确定为"文化遗产日"；2007年国务院又决定将春节假期前调一天，把除夕列为法定放假日，同时三个中华民族的重要节日——清明节、端午节和中秋节也法定放假。这一重大决定，表现了国家对公众的传统文化生活及其传承的重视与尊重，同时这也是保护节日文化遗产十分必要的措施。

节日不放假必然直接消解了节日文化，放假则是恢复节日传统的首要条件。但放假不等于远去的节日立即就会回到身边。节日与假日的不同是因为节日有特定的文化内容和文化形式。那么重温与恢复已经变得陌生的传统节日习俗则是必不可少的了。

千百年来，我们的祖先从生活的愿望出发，为每一个节日都创造出许许多多美丽又动人的习俗。这种愿望是理想主义的，所以节日习俗是理想的；愿望是情感化的，所以节日习俗也是情感的；愿望是美好的，所以节日习俗是美的。人们用烟花爆竹，惊骇邪恶，迎接新年；把天上的明月化为手中甜甜的月饼，来象征人间的团圆；在严寒刚刚消退、万物复苏的早春，赶到野外去打扫墓地，告慰亡灵，表达心中的缅怀，同时戴花插柳，踏青春游，亲切地拥抱大地山川……这些诗意化的节日习俗，使我们一代代人的心灵获得了多么美好的安慰与宁静？

谁说传统的习俗全过时了？如果我们不曾知道这些习俗，就不妨去重温一下传统。重温不是模仿古人的形式，而是用心去体验传统的精神与情感。

当然，习俗是在不断变化的，但我们民族的传统精神是不变的。这传统就是对美好生活不懈的追求，对大自然的感恩与敬畏，对家庭团圆与世间和谐永恒的企望。

这便是我们节日的主题。我们为此而过节。

由此，我们便有了编写此书的初衷。在刻下恢复传统节日之际，将各个时代各个地域的传统节俗收集起来，供大家了解。有的久已废弃，且从中可以体味到古人的用心；有的至今还沿用，则使我们更明了它的意蕴与初衷；有的尚可采纳，不妨摹习，恢复传统，丰富节日。每节一册，以应时节；配图插画，为了直观。由于时间仓促，疏漏错误在所难免，敬希诸位明白人多多指正，以便不断修正和完善，使之成为一本普及传统节日文化工具性的小书。本书的目的，是为了大家过好我们的节日，保持民族优良的文化传统。为了今天，更为了明天。

2008.3.20

话说

在中国众多影响广大的传统节日中，中秋节具有独特的品格和别样的情致。

中秋节源于对天象、四季、节令、岁时以月亮的盈亏朔望周期计月的阴历（即中国传统历法农历），其节日习俗、行事以"月"为中心展开，故又称月节、追月节、玩月节、拜月节。

中秋节在每年农历八月十五日，这是农历12个月、四季中的秋季之仲，故又称秋节或仲秋节。因八月十五正是八月的二分之一，民间又将之称为八月半、八月节、八月会。中秋节时月亮是全年12个大圆月中最圆最大的一次圆月，它象征着团圆，民间有在这一天让回娘家的媳妇返回夫家过节团聚的习俗，所以，中秋节又叫作团圆节。

中秋节正式成为一个节日约在唐时，这在中国传统节日中是晚出的一个节日。

年画《中秋赏月》

但是中秋作为一种民俗活动却由来有自,历史渊源深广。

中秋民俗以月亮为核心。月亮和太阳、白天和黑夜,每天都伴随着人类,是人类最早瞩目的天体天象。在远古蛮荒的时代,人类形成之初便观察四时更替、风雨雷电,太阳是光明和温暖,也是赤地千里和酷暑难当。太阳从东方升起,又从西方落下。太阳和光明走后,黑夜和恐惧一起来临。早期人类不得不采取穴居和巢居来躲避黑夜中的虎豹狼虫。直到人类发明了用火,发明了房屋的建造,他们才有了黑夜中的更安全的居所。在漫漫暗夜中,一轮明月悬挂天空,照亮了大地和荒原。月亮是黑夜中

1 敦煌的伏羲女娲 雄爬九首图

的太阳，是无边暗夜中的光明使者。月亮是安详和宁静，它不是风，不是乌云，不是雷电，不是暴雨如注。所以，从原始时代起，人类对太阳还经常流露出爱恨交加的情感，对月亮却几乎是众口一词地歌颂与称赞。

月亮的阴晴圆缺具有规律性，观月以定历法成为众多民族的共同选择。研究表明，从历法发展史看，所有古老文明的国家，如埃及、巴比伦、印度、希腊、罗马和中国，最初的历法都是阴历，即以29天或30天称为一个月，把12个月称为一年。

这几乎是这些古老国家的共同的也是最初的年历。

月亮在神话时代是温润、女性、阴柔、静谧、和谐、安宁、幸福的化身。关于日月的神话,是与开天辟地的创世神话共生共长的。全世界各个民族中没有哪个民族没有太阳和月亮的神话。在我国各民族的创世神话中,日月星辰诞生和运行是其重要内容。著名的盘古开天地神话里,日和月分别是盘古的两只眼睛化成。瑶族神话《伏羲兄妹歌》、白族神话《创世纪》、布依族神话《开天辟地》、彝族神话《梅葛》、哈尼族神话《奥色密色》等,也说日月是天神,或虎、或牛的双眼变成。新西兰土著神话、印度某些神话、古代日耳曼人神话等都有同类讲述。这大概是眼睛与光明的关系和日月普照犹如天神注视大地万物一般,故有此类神话想象。

太阳的阳刚和月亮的阴柔,也导致许多原始民族把它们想象为男性和女性。哈萨克族有一则神话说有一对男女叫阿娟阿塔和阿娟阿娜,因魔鬼阻挠他们结婚,他们就飞到天上,男的变为太阳,女的变为月亮,二人至今还在互相追寻。由于总是不能相聚便常常痛苦落泪,这泪就是雨雪纷纷的原因。壮族有一则神话说日月本是夫妻,星星是他们的孩子,太阳嫌孩子太多,常把他们抓来吃掉,月亮妈妈心疼孩子,就在太阳出来时带着孩子们躲藏起来,等太阳下去了,再带孩子们出来玩。彝族、哈尼族、苗族等有神话说日月原是姐妹,因为妹妹年幼不敢夜晚出来，所以做了太阳，而姐姐则做了月亮，夜晚出来。

日月神话的母题远不止以上内容，如果全面考察，会发现这是一个丰富、多样的文化呈现。特别是太阳与大旱灾有直接因果关系时，太阳神话中普遍出现了射日神话，如我国的后羿射日。这表明早期人类在对日月的长期观察、体验、思考中积累了丰富的想象与感受。月亮的"与人为善"，则显得更为突出。所以，古代多有祭月、拜月习俗与礼仪。我国古代文献《礼记》中记载："天子春朝日，秋朝月。朝日以朝，夕月以夕。"这说明春天祭日，秋季拜月已是帝王之礼制。

"中秋"一词最早见于《周礼·春官》，书中载有"中秋夜迎寒"、"中秋献良裘"、"秋分夕月"等活动。《尚书·尧典》中有："宵中星虚，以殷仲秋。"这是"仲秋"一词的最早出处。

祭月活动从周代开始已经岁时化。《周礼》："中春昼，击土鼓吹《豳诗》以迎暑；中秋夜，迎寒亦如之。"说的是中秋夜里，击鼓吹乐，望月而祭。其时，"祭日于坛，祭月于坎"。即按日月所代表的阴阳关系，祭日于高台，祭月于坑穴。

秦汉时期月祭在皇室礼仪中继续传承。秦时，各地均建有日月祠，山东有日主祠、月主祠。汉武帝时，曾用羊、猪祭月，用牛祭日。

北魏、隋唐直至明清历代沿用秋分祭月礼仪。明世宗时，还在北京修建夕月坛，专供朝廷祭月，这就是现在北京的月坛公园。《明嘉靖祭祀》载："秋分祀夜明于夕月坛。夜明之神东向；二十八宿云神、周天星辰之神，木、火、土、金、水之神南向。"又曰："夕月坛每三岁一祭。祭以丑、辰、未、戌年行事。朝日则遣文臣，夕月则遣武臣。"清沿明制，但每年一祭，每三年一大祭；平时年份则派大臣代祭，遇丑、辰、未、戌年则皇帝亲祭。

祭月仪式也见于民间，汉代以来见于典籍的嫦娥传说，有一种版本就说嫦娥奔

┐ 北京月坛

┴ 玉兔捣药

月后,后羿十分想念嫦娥,晚上就在庭院中摆放供果,向天上的明月叩拜遥祭,盼望夫妻团圆。邻里乡亲见状,也纷纷摆供桌供果,遥祝他们团圆。从此成为八月十五民间民俗性的拜月、赏月活动。这当中也可见拜月在民间曾流行一时。

从月亮神话到祭月拜月,月亮作为天体和天神的重要象征和组成部分,代表着自然和天象的神圣、庄严、权威,以及对人类的居高临下和震慑。人们敬畏月亮表达着人类对自然的敬畏和景仰,也是中国传统文化中追求天人合一境界的一种表达形式。

但是,由于月亮在所有天体天象中的独特品性,或者说人类在长期的观察和体验中,发现月亮几乎对人类没有任何威胁。太阳不用说了,就是风雨雷电,都曾经暴虐地伤害过人类。星星有时还有陨石坠落带来意外灾难。所以,月亮作为大自然中一个可亲可爱的对象,培育与激发了人类情感中玩赏与审美的经验。

玩月活动在我国古代很早就见于记载。最著名的典故是东晋时的"牛渚玩月"。据《续汉书·郡国志》载,1600年前的东晋在南京(建业)建都,牛渚自汉代就隶属于此地。公元300多年前,镇守牛渚的谢尚在某个月夜泛舟牛渚江上,忽听得运租船上有人吟咏自己所作的《咏史》诗,大为高兴,邀请过来,以诗会友,畅叙到天明。这个吟诗的人叫袁宏,是个靠运租为业的穷书生。谢

↳ 唐王游月宫

尚却是镇西将军。因为月夜吟诗，二人成为挚友。袁宏由于受到谢尚的赞誉，名声鹊起，成为名士。从此，月夜吟诗传为佳话，文人雅士纷纷仿效，泛舟、玩月、吟诗，成一时风尚。唐代诗人李白游金陵时就此典故作诗曰："昔闻牛渚咏五章，今来何谢袁家郎？"并且也在城西孙楚酒楼玩月到天明。

传说中的唐玄宗夜游月宫的逸事，使玩月更富于传奇色彩。相传唐玄宗与申天师及道士鸿都在中秋望月时，玄宗突然想要亲赴月宫一游。于是申天师作法，三个人一起步上青云，漫游月宫。月宫门前守卫森严，无法进入，只能游离其外。但听得月宫内仙乐阵阵，清音悠扬，婉转缠绵，仙女告曰，此曲名叫《紫云曲》。唐玄宗遂默记曲律于心。返回人间时，玄宗回味天上月宫仙乐，赶制了一曲《霓裳羽衣曲》。这个传说有神化唐玄宗，美化他的音乐创作的言外之意，但那个时代的赏月活动十分盛行却是由此可见一斑。

五代时人王仁裕所著《开元天宝遗事》记载，唐玄宗在宫中举行中秋夜文酒宴，宴时熄灭灯烛，只在一片月光清辉之下饮酒赏月，称为"月饮"。

唐代欧阳詹在《玩月》诗序中说："月可玩。玩月，古也。谢赋、鲍诗，眺之亭前，亮之楼中，皆玩月也。"

唐代的玩月由于帝王的提倡，已经泛化为一种民间习俗，玩月的时间特别向八月十五集中，为一年最盛。届时，要全家团聚，要登台观月，要泛舟赏月，要饮酒对月等等。

除了前述记载提到谢灵运、鲍照等人的玩月诗具有浓郁的民俗节日背景与特色外，唐代诗人刘禹锡还作有《八月十五夜观月》诗："天将今夜月，一遍洗寰瀛，暑退九霄净，秋澄万景清。"张祜《中秋月》诗中有："一年逢好夜，万里见明时。"司空图《中秋夜》说："此夜若无月，一年虚度秋。"正所谓月到中秋分外明。唐代直接以中秋或八月十五为题写诗的作者络绎不绝，如李峤《中秋月二首》、王建《十五夜望月寄杜郎中》、杜甫《八月十五夜月》、韩愈《八月十五夜赠张功曹》等等。

还是欧阳詹的《玩月》诗序："秋之于时，后夏先冬。八月于秋，季始孟终。十五于夜，又月之中。稽于天道，则寒暑均；取于月数，则蟾兔圆。故曰中秋。"可见唐代中秋时令与中秋赏月习俗正自发地形成为一个具有节日气象、节日氛围的民间节日。

北宋太宗年间,朝廷正式将农历八月十五定为每年的全民性的中秋节。记载北宋习俗的孟元老的《东京梦华录》和记载南宋习俗的吴自牧的《梦粱录》都专述了"中秋"。《东京梦华录》:"中秋节前,诸店皆卖新酒,重新结络门面彩楼花头,画竿醉仙锦筛。市人争饮,至午未间,家家无酒。拽下望子。是时螯蟹新出,石榴、榅桲、梨、枣、栗、孛萄、弄色枨橘,皆新上市。中秋夜,贵家结饰台榭,民间争占酒楼玩月。丝篁鼎沸,近内庭居民,夜深遥闻笙竽之声,宛若云外。闾里儿童,连宵嬉戏。夜市骈阗,至于通晓。"这时的中秋节已经是完全地市俗化、市井化,是一个隆重的节日了。拜月祭月的习俗也在中秋节中沿习。

宋代金盈之《新编醉翁谈》卷四"八月"记载:"中秋,京师赏月之会,异于他郡。倾城人家子女,不以贫富,能自行至十二三,皆以成人之服饰之登楼或在中庭拜月,各有所期:男则愿早步蟾宫,高攀仙桂。女则愿貌似嫦娥,颜如皓月。"

以月亮的阴晴圆缺比喻人间的聚散离合,成为宋人咏月诗词的主旋律。苏轼的《水调歌头》更是巅峰之作,直至影响了后世中秋节俗的演变与发展。

明清之际的中秋节就大大强化与突出了团圆的人生主题和文化意义。出现了"月饼"、"团圆节"、"女归宁"等新风尚。十五的月圆,进一步世俗化为人间世事、亲情的团圆美满。唐宋时的审美的浪漫的精神的玩赏的中秋节,逐渐在民俗化节日化中转变为口福享受的、人伦亲情的、践行俗信的、生活化的中秋节。这种转变恐怕不能简单地判断或臧否其优劣,其间还有复杂的社会历史背景和文化规律,我们只能说这里发生了民俗节日的变迁。关于这种变迁,史籍多有所记。明代刘侗、于奕正的《帝京景物略》记述了明朝北京的中秋风俗:"八月十五祭月,其祭果饼必圆;分瓜必牙错瓣刻之,如莲花。纸肆市月光纸,绘满月像,跌坐莲花者,月光遍照菩萨也。华下月轮桂殿,有兔杵而人立,捣药臼中。纸小者三寸,大者丈,致工者金碧缤纷。家设月光位于月所出方,向月而拜,则焚月光纸,撤所供,散之家人必遍。月饼月果,戚属馈相报,饼有径二尺者。女归宁,是日必返其夫家,曰团

秋鹭芙蓉 明·吕纪

圆节也。"

明代张岱的《陶庵梦忆》卷五《虎丘中秋夜》中的记载更是一番热闹情景："虎丘八月半，土著流寓、士夫眷属、女乐声伎、曲中名妓戏婆、民间少妇好女、崽子娈童及游冶恶少、清客帮闲、傒僮走空之辈，无不鳞集。自生公台、千人石、鹅涧、剑池、申子定祠下，至试剑石、一二山门，皆铺毡席地坐，登高望之，如雁落平沙，霞铺江上。天上瞑月上，鼓吹百十处，大吹大擂，十番铙钹，渔阳掺挝，雷轰鼎沸，呼叫不闻。更定，鼓铙渐歇，丝管繁兴，杂以歌唱，皆'锦帆开，澄湖万顷'同场大曲，蹲踏和锣丝竹肉声，不辨拍煞。更深，人渐散去，士夫眷属皆下船水嬉，席席征歌，人人献技，南北杂之，管弦迭奏，听者方辨句字，藻鉴随之。……"这与唐宋赏月玩月风景已是大不同。一是各色人等，中秋夜鳞集；二是并不赏月却"大吹大擂"起来，是在游戏赏乐。这大概是真正市俗的中秋景象。文人雅士也还有人在雅事中度中秋。如《红楼梦》所记载的清代中秋节，贾家儿女无不吟诗诵词，棋琴书画，承接的是唐宋文人的中秋传统。

总之，从神圣的祭月和神话，到审美的诗意的哲思的赏月玩月，再到全民的节日，中秋节历经了由天神到人间的世俗化、由文人到俗众的市井化、由雅到俗再到雅俗结合的节日化发生发展、起源演变的过程。这种文化变迁独一无二的，也耐人寻味。

玩月赏月是一种观景文化，也成就了无数文化景观。

南京夫子庙秦淮河，因有牛渚玩月的传统，明初时建有一座"玩月桥"，有明一代是士子笙箫弹唱，对月赋诗的绝佳去处。

桥边水月、湖光山色是赏月的好去处，登高临风、空山月近又是别样风景。楼、湖、桥、水、山、泉都是赏月好景观。庐山赏月、黄山邀月、长江追月、洞庭秋月、石湖串月、平湖秋月、三潭印月、二泉映月、太清水月、峨眉冰月、大漠孤月、象山夜月、卢沟晓月、天山明月，以及二十四桥明月夜、月牙湖、日月潭、水月亭等等，不一而足。

赏月写诗、吟月作赋的传统也是由来有自。

《诗经》中的《陈风·月出》是最早的著名的写月诗："月出皎兮，佼人僚兮，舒窈纠兮。劳心悄兮。月出皓兮，佼

⊥ 蟾宫折桂（清）

魏晋以降，月亮作为一种自然美的化身，作为一种宇宙的永恒表象，引发了无数诗人对自然、人生、宇宙的哲思。其中最著名的是唐代诗人张若虚的《春江花月夜》。诗曰："江天一色无纤尘，皎皎空中孤月轮。江畔何人初见月？江月何年初照人？人生代代无穷已，江月年年只相似。不知江月待何人，但见长江送流水。"这首诗对明月的永恒和人生流变做了对比与深思，充满了天地的深奥与命运的玄机，可与孔夫子"逝者如斯夫"的深刻慨叹在思想上媲美。二人一静一动、一恒一常、一远一近、一亘古一瞬息地咏叹了自然与人生。

月亮的团圆作为诗的意向和文化象征，一直是写月诗的重要主题。八月十五是一年中月亮最圆、最大时，其时秋高气爽，月色怡人。所以，吟团圆之月发感慨，以中秋明月入诗赋，成为历久不衰的诗风。苏轼的《水调歌头》作于中秋月夜，一句"明月几时有，把酒问青天"，那种人生的豪情跃然纸上。末了，"人有悲欢离合，月有阴晴圆缺，此事古难全。但愿人长久，千里共婵娟"之千古绝唱，把情深似海的缠绵和人情人间的温暖与企盼，悉数托出。美满团圆是月亮

人僘兮。舒忧受兮，劳心慅兮。月出照兮，佼人燎兮，舒夭绍兮。劳心惨兮。"以月亮为起点，写相思之美，将月的皎洁与爱的纯洁做了生动联想，开一代诗风。此后古诗十九首的《明月皎夜光》、《明月何皎皎》，汉乐府《白头吟》等，都是此类。

↳ 月宫　杨晓东 收集

的自然美的核心与根本，也是人生的最大幸福。大团圆的结局、大团圆的意象、大团圆的人生理想，从此成为中国文化的情结。明清以来的戏曲就深深地植入了这种文化理想。

在玄思的文化路径上，明月的意象与意境还结出禅宗美学的文化硕果。从月亮的轮回到人生的轮回，从月光的清明无尘到《大般涅槃经》的"月爱三昧"（月使鲜花盛开、人心欢喜；月喻人生善恶消长；月除郁热、解众生贪恼热），从印度佛教的以月直喻，到中国禅宗的玄思妙想，水月之喻，无限玄机。月亮圆通的形与光，直通圆通的佛性。在中国释宗一途，月亮是一个禅境。所谓"菩提慧日朝朝照，般若凉风夜夜吹。此处不生聚杂树，满山明月是禅枝"（《祖堂集》卷五《三平和尚》）。禅师论月论佛，语录很多，充满思辨，充满哲理，充满逻辑术，是中国思维和哲学的一种独特呈现，具有深远的影响。它的具象表达是：日出连山，月圆当户；天真而妙，一处凝然光灿灿。即：具有圆满之美的禅是众生之本性、生命之灵光，是解脱成佛之圣境，是生命的自由境界，是审美的最高境界。

在民间，人们对月亮的关注，又是别有洞天。在关于月亮的种种传说中，月亮的故事、人物、形象都直接来源于人们对月亮中清晰可见的影像的想象。

在太阳的光照下，月亮的凹凸不平的表体，让地球人看见的月亮是一个明暗阴影参差错落的天体。其中的阴影具有形象或象形性，能生发丰富的联想与比附。

最著名的是嫦娥奔月的传说，这个传说早在战国时代就发生了。传说月亮中的阴影是一只蟾蜍，这只蟾蜍是由嫦娥化身而成。战国时期的《归藏》载："昔嫦娥以西王母不死之药服之，遂奔月为月精。"西汉时期的《淮南子·览冥训》做了进一步记载："羿请不死药于西王母，羿妻姮娥窃之，奔月……托身于月，是为蟾蜍，而为月精。"在这里，姮娥即嫦娥是射日英雄后羿的妻子，并且在月中变身为蟾蜍。《淮南子·精神训》也具体说到日月关系。"日中有踆乌，而月中有蟾蜍。"踆乌是三足乌，据说就是它每天驮着太阳巡行。湖南马王堆出土的汉墓中有一幅帛画，生动地形象地展现了有三足乌的太阳和有蟾蜍的月亮。有趣的是，日和月各有一灵物作为代表，而蟾蜍又恰是射日的英雄后羿之妻，这难道是对后羿射日的讥讽或报复？

除了蟾蜍，月亮的阴影还被传说为玉兔和桂树。在南阳出土的汉画像石中，有

丁 版画《祀兔成风》

一幅苍龙星座图，其中月轮里有蟾蜍和玉兔。到了晋代，玉兔有了捣药的故事。此前，屈原《天问》中有"夜光何德，死则又育？厥利维何，而顾菟在腹？"晋代傅咸在其《拟天问》诗中说："月中何有？白兔捣药。"《乐府诗集·相和歌辞》收傅玄作《董逃行》，曰："采取神药若木端，白兔长跪捣药虾蟆丸。"由蟾蜍、玉兔，又引申出人们称月光为蟾宫。

又传嫦娥奔月正在八月十五日。玉兔则被称为月兔、蟾兔、银兔等。还说玉兔是随嫦娥奔月的，它代管后羿的不死药，不死药被嫦娥偷吃，于是玉兔咬着嫦娥的衣裙追上了天，以后就在广寒宫里不停地捣药。玉兔制药，自能治病。传玉兔曾经解除北京的瘟疫，北京人至今还在用泥塑玉兔形象，每年八月十五家家供奉，祈求吉祥，俗称玉兔为太阴君或兔儿爷。兔还是十二生肖之一，由此构筑成一个庞大的文化体系。

明月中的阴影又像一棵巨大的树，枝叶繁茂。于是又有桂树与吴刚的传说。西汉《淮南子》说："月中有桂树。"八月中秋，丹桂飘香，桂树成为长寿、美好、吉祥的树，桂花酿成的美酒，是中秋佳酿。秋天也是收获的季节，桂与

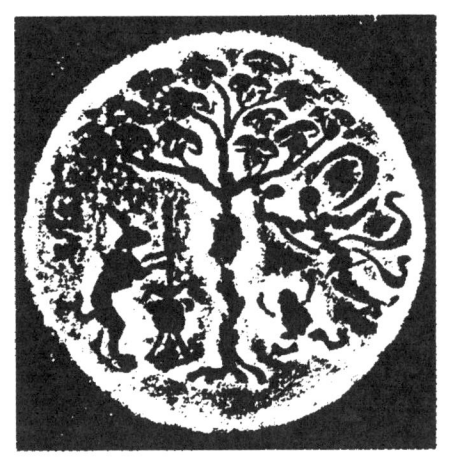

↑ 嫦娥奔月

贵谐音。所以，蟾宫折桂，成为士子科举中第，走向荣华富贵的象征。唐代段成式《酉阳杂俎·天咫》讲述了吴刚伐桂树的故事："旧言月中有桂、蟾蜍，故异书言，月桂高五百丈，下有一人，常斫之。树创随合。人姓吴名刚，西河人。学仙有过，谪令伐桂。"吴刚在那里砍永远砍不断的桂树，很像西方神话中的西绪福斯推那永远上不去的石头。这是一种永恒的惩罚。吴刚的传说给月亮里的清冷静寂增添了热闹、曲折和喜剧性的情节。

在民间，团圆意象还引申出了姻缘命

定的俗信。传说专管婚姻的就是月下老人，又称月老。《红楼梦》第五十七回中，薛姨妈对黛玉、宝钗就讲了这个意思。她说："自古道：'千里姻缘一线牵'。管姻缘的有一位月下老人，预先注定，暗里只用一根红线把这两个人的脚绊住，凭你两家隔着海，隔着国，有世仇的，也终究有机会作了夫妇。……若月下老人不用红线拴的，再不能到一处。"虽然有宿命论色彩，但这个月下老人的传说也给普通的百姓生活做了一种文化性的诠释，带来一些心灵的慰藉和对未来生活的企盼。

有道是海上生明月，天涯共此时。游子思归，他乡明月寄托情思；团圆一家，海外华人睹月生情。就是我国各少数民族，在中秋明月下，也有很多跳月、玩月的风俗。到了科技昌明的今天，登月早已实现，人类的足迹已经在月球上迈出了开天辟地的第一步。几千年来的中华奔月、登月的想象，在中国嫦娥一号上天之后，也已经是近在咫尺的现实。一个美好的神话终将成为科技事实。但是想象自然、美化自然、欣赏自然的悠久传统仍将与中秋节相生相随，代代相传，历久弥新。

↓ 河南南阳出土汉代嫦娥奔月画像

神话

中秋节拜月的由来

相传,远古时候有一年,天上出现了十个太阳,烤得大地冒烟,海水枯干,老百姓眼看无法再生活下去。这件事惊动了一个名叫后羿的英雄,他登上昆仑山顶,运足神力,拉开神弓,一气射下了九个多余的太阳。

后羿立下大功,受到百姓的尊敬和爱戴,不少志士慕名前来投师学艺。奸诈刁钻、心术不正的蓬蒙也混了进来。

不久,后羿娶了个美丽善良的妻子嫦娥。后羿除传艺狩猎外,终日和妻子在一起,人们都羡慕这对郎才女貌的恩爱夫妻。

一天,后羿到昆仑山访友求道,巧遇路过的王母娘娘,便向王母求得一包不死药。据说,服下此药,能即刻升天成

↑ 拜月同祀

仙。后羿舍不得撇下妻子，只好暂时把不死药交给嫦娥保管。嫦娥将药藏进梳妆台的百宝匣里，不料被蓬蒙看到了。三天后，后羿率众徒外出狩猎，心怀鬼胎的蓬蒙假装生病，留了下来。待后羿率众人走后不久，蓬蒙手持宝剑威逼嫦娥交出不死药。危急之时嫦娥当机立断，转身打开百宝匣，拿出不死药一口吞了下去。嫦娥吞下药，身子立时飘离地面向天上飞去。由于嫦娥牵挂着丈夫，便飞落到离人间最近的月亮上成了仙。

傍晚，后羿回到家，得知了白天发生的事。后羿既惊又怒，抽剑去杀恶徒，可是蓬蒙早逃走了。后羿气得捶胸顿足哇哇大叫。悲痛欲绝的后羿，仰望着夜空呼唤爱妻的名字。这时他惊奇地发现，今天的月亮格外皎洁明亮，而且有个晃动的身影酷似嫦娥。他急忙派人到嫦娥喜欢的后花园里摆上香案，放上她平时最爱吃的蜜食鲜果，遥祭在月宫里眷恋着自己的嫦娥。

百姓们闻知嫦娥奔月成仙的消息后，也纷纷在月下摆设香案，向善良的嫦娥祈求吉祥平安。从此，中秋节拜月的风俗在民间传开了。

日月运行的传说

盘古用神力开天辟地之后，一个月出山，两个月有河，三个月出草，四个月长树。虫鱼禽兽又接连生出，八个月后地上才有了人，不过世界上还是朦朦胧胧的。

盘古是个巨人，躺下来枕山卧海，站起来顶天立地。他发现东方有一线光亮，就朝亮光走去。

他走到个叫扶桑的地方，看到两个姑娘，是孪生姐妹，姐姐叫月亮，妹妹叫太阳。姐姐生得文静优雅，端正大方；妹子生得天真活泼、热情奔放。原来，光就是从她们身上发出的。盘古一见非常高兴，就请她们到天上照亮整个世界。姐妹俩答应用光永远照亮世界，为万物众生造福。盘古说："为了使光明常在，你俩轮流出来吧！"日月姐妹同意了。

第二天，正好是农历初一的早晨，月亮对太阳说："妹妹，我先出去，你等晚上再出去吧！"太阳说："晚上黑咕隆咚的，我害怕，让我白天出去吧。"月亮说："那也好，你先走，我晚上去。"

就这样，太阳就要出门了。她刚跨出门一步，见地上的人望着她，吓得她满脸通红，缩了回来。月亮说："好妹妹，不要怕。我这里有一把金针，你拿着，谁敢看你，就扎疼谁的眼睛。"姐妹俩约好每月相会的日子，太阳就接过金针，一下子就朝人间撒去，只见万道金光，人们都不敢看她。月亮呢，不用金针，身上柔和的光不刺人，她大大方方地让人们看她美丽的容颜。

从此，太阳和月亮，一个在白天，一个在晚上，各自用各自的光照亮世界。只有到每个月的初一、初二早上，姐妹俩依依不舍地走一段路，月亮才回去。这就是所说的"日月平行"。

(任随菊讲述，流传于山东省东明县)

撑天树

传说月亮上有一棵撑天树，这棵树如果说有一日倒下来，天也就会塌下来。所以玉皇大帝派了神鸟乌鸦大仙专门停在树上保护。

天宫里竟然有一个黑心人，要想砍倒这棵大树。他偷偷地带了一把锯子，又带了一篮头饭，来到月亮上的撑天树旁边，把饭篮朝树上一挂，就"咕嘎咕嘎"锯起树来。树将要锯到一半，乌鸦动脑筋，有意飞到黑心人的饭篮里去吃饭。黑心人只好放落手里厢的锯子去赶走乌鸦。乌鸦赶走了，黑心人想动手再锯，不料这棵撑天树锯开的地方早已经黏合起来，好像没有锯过一样。黑心人并勿死心，他重新拿起锯子再锯。乌鸦大仙仍旧用老办法又飞到饭篮里去吃饭，使黑心人勿得勿停下来再去赶鸟。黑心人一走开，撑天树也仍旧自动黏合长好，一点事体也没有。

就这样，一个是拼命要锯树，一个是全力保树，直到现在黑心人也没有把树锯断。天气好又有月亮的夜里厢，我们朝月亮望过去，还可以清清楚楚看见月亮里有人在锯树，乌鸦在保护树。

(李月祥讲述，李新根采录，流传于上海市金山区)

嫦娥盗药

很久以前，后羿射掉九个太阳后，就自以为天下无敌了，经常背着他那张射太阳的神弓，带兵攻打外族部落。一次，后羿又去进攻一个部落，抢回一个叫嫦娥的女子。这女子麻衣布裙，长得很美丽。后羿一看，高兴得连眼珠儿都不晓得转了，鼓捣要同嫦娥成亲。嫦娥早就恨透了后羿，她抽出身上藏的尖刀，对着自己的心

└ 嫦娥

窝子，说："你要耍横，我马上就死在这儿！"后羿舍不得嫦娥就这样白白死掉，只好把她关起来，天天叫人去劝她。

有一天，后羿突然得了急病，吃汤灌药都不见好。这时，来了一个神仙，他给后羿一颗丹丸，说是吃了这颗丹丸，不仅可以除病，还可以长生不老，与天地同寿。后羿得了仙丹，高兴得做梦都打哈哈。

这事传到嫦娥耳朵头，她想：这个冤孽多活一天，世上就要多死好多人啊！他若是再长生不老，那天下怕连草都找不到一根活的了!嫦娥决心把后羿的药弄到手,便找人带信给后羿,说是愿意嫁给他。

后羿得了长生不老药,又听说嫦娥愿意嫁给他,喜欢得跳了起来。第二天,正是八月十五,他要同嫦娥成亲,宫廷里张灯结彩,大摆宴席,热闹得很。这天,嫦娥打扮得很漂亮。一出来,后羿笑得鼻子眼睛都挤在了一堆。嫦娥笑着。把一杯酒献到后羿面前,说:"大王是英雄,又得了长生不老药,我自然应当陪伴大王一辈子啰。若大王是真心实意喜欢我,还请大王赐给我一半丹药,这样,我就可以永远和大王在一起了!"后羿听后,心里甜蜜蜜的,说:"要得,要得!"他忙从贴身的汗褂褂头摸出一个金光闪闪的小匣子,对嫦娥说:"等今晚入了洞房,我就分给你。"说完,依旧又揣了起来。嫦娥装着喜欢的样子,左一杯右一杯给后羿敬酒。后羿喝得云里雾里的,等到进了洞房,他已经醉得像稀泥巴了。

嫦娥赶紧从他身上取出金匣匣,打开一看,当中一颗红色的丹丸香味扑鼻。她揣好金匣,轻脚轻手地出了房门。守宫的人见是大王新娶的妻子,不敢阻拦。嫦娥出了宫门,就向远方跑去,她要把药丢到很远很远的地方去。哪晓得后羿酒量大,虽然醉得人事不省,但只睡了一会儿就没事了。后羿醒来一看,嫦娥不在身边,摸身上的匣子也不在了。他晓得上了嫦娥的当,赶忙背上弓箭,骑起快马,朝嫦娥去的方向撵去。

嫦娥急急忙忙向前赶,但哪有后羿的马快呢?她听到背后人喊马叫,晓得是后羿追起来了,就更加拼命地跑。后头的声音越来越近,嫦娥车转脑壳一看,哎呀,后羿正在取弓搭箭。嫦娥想,我死了不要紧,后羿把长生不老药抢回去,天下就遭殃了。她心一横,就打开金匣子,将丹丸一口吞了下去。嘿,她把那神药一吞下去,就觉得身子变得轻飘飘的,一跑脚板儿就离开了地面,整个身子朝天空中升上去。后羿在后面看见,急得浑身烧火燎的,赶紧放箭去射,可越射嫦娥飞得越高,最后竟飞到月亮里头去了。

后羿失去了嫦娥,又丢了仙药,不久就气死了。

大家怀念嫦娥,每年八月十五日晚上都要望月,有时他们还能看到嫦娥的影儿呢!

(赵能南讲述,顾强采录,
流传于四川省成都市)

卜 农民画《赏月》
贾平作

富贵平安

月儿为什么这么亮

(高山族阿美人)

传说很久以前,月亮不像如今这么亮,颜色一片昏黄。月亮上有棵桂花树,每到月圆的时候,满树桂花飘散出清甜的香味。老人们说:"采得八月十五的桂花,和进新谷一起杵磨,吃了消灾祛病,青春不老。"

那时的阿里山和月亮之间有一座美丽的虹桥相连,从地面走向月亮并不困难。到了八月十五满月那一夜,那里山上就有许多身穿五彩达戈纹衣裳的姑娘,背着装满谷子的藤篓,一个接一个地攀上虹桥,登上月亮。姑娘们摘下桂花掺进谷子里,你一杵,我一杵,舂个不停,舂得一颗颗大米白似银,映得月儿一片透亮。

一天,部落里有个姑娘想登虹桥上月宫,采一枝桂花和新谷舂磨给久病的伊娜(妈妈)熬稀饭。她背上沉沉的藤篓攀上虹桥,没想到刚走进月亮,虹桥就"喀啦"一声断落了。姑娘眼泪汪汪,从此再也回不了家乡。她每天都在桂花树下舂米,一杵一杵,舂得白米又细又匀,日复一日,年复一年,谷子舂成了白米,白米舂成了细粉。

每到八月十五月亮圆了,姑娘想念家乡、思念亲人了,就把洁白的细粉洒到人间,白白的米粉纷纷飘落,化作了如水的月光,把山水大地映得格外明亮。姑娘望着月光下的村庄和茅舍,默默祝愿阿玛(爸爸)长寿,伊娜健康,家中平安,年年丰收。这时候,部落里的老人也会指着月亮对后生仔说:"孩子们啊,你们知道八月十五的月儿为什么格外亮吗?那是月亮上的阿姐思念故乡,把洁白的米粉洒向人间啊!"

(达莱讲述,汪梅田采录,
流传于福建省漳州市)

传说

传说

中秋节的来历

从前有一户人家，兄弟两个，哥哥已经成家，嫂嫂很泼辣凶恶。弟弟忠厚老实，哥嫂两个都讨厌他，不让他吃饱穿暖，重生活用力气生活龌龊生活总让他做，还事事处处扳错头。

一天，嫂嫂硬说他偷吃东西，哥哥也不问青红皂白就把弟弟赶出门外。弟弟被他们弄得走投无路，哭哭啼啼走上山路，到了后山，越想越气，觉得自己孤苦伶仃，不如死了算了。他走到一棵大树旁边，正要上吊自尽，有一个老公公从山路上走来，连忙过来问他为什么要自尽？他就把在家里受哥嫂欺侮的事情一五一十告诉老公公。老公公劝慰一番，然后告诉他，八月十五夜里戌时是天上开天门的时刻，你准备一只木桶，坐在桶里，等天

一开你就可以飞上天去。弟弟到底是小孩,听了老公公的话,觉得奇怪,就打消了自杀的念头,心想,要到天上看一看,如果好的话,就留在天上。

到了八月十五夜里,他照老公公讲的准备好一只木桶,静静地坐在木桶里。时辰一到,刮起了一阵风,真的连人带桶被带到空中,腾云驾雾一样把他送上了天。他一踏上月亮,看见天门敞开,金童玉女请他进了月宫。月宫里只有一棵树,非常高大,树叶也非常茂盛。他看得出奇,就停在树底下,忽然,树上飘落一片树叶子,他拾起叶子摸摸,觉得很好玩。

这时候玉女出来了,告诉他:"你到了人间,只要这片叶子碰到什么,什么就会变成金子。"于是他把树叶带回到人间,从此,他就成了富翁。

嫂嫂看弟弟一下子成了富翁,觉得很奇怪。问弟弟是怎么回事?弟弟就老实告诉她。她听了要丈夫也照样到月宫去拿些树叶来。第二年的八月十五,哥哥也坐在木桶里,身边还带了一把斧头。到时候哥哥也升到天上去了,天门也敞开着,他看到一棵大树,就用斧头狠狠地砍,可是一点也砍不断。金童玉女听到声音出来,就把他绑在树上不许下凡。从此他娘子只能

↓ 瓷板画《飞天》

在每年八月十五夜里，坐木桶上天看望一次月亮树上的丈夫，夫妻团圆一次。以后人间就把八月十五作为中秋节人们团圆的日子。

（张凤英讲述，叶慧珍、俞成伟采录，
流传于上海卢湾区）

"摸秋"的传说

从前，桃花江畔有一个名叫秀娥的女子，她长得如花似玉。十六岁就到了婆家。婆家有两个女儿早已出嫁，全家四口，和睦相处，安居乐业。日子过得很甜。秀娥夫妇感情很好，可是结婚五年还没有生儿育女，婆媳之间就出现了隔阂。婆婆常用冷言冷语来讥讽秀娥："人长是乖，像红漆马桶，来哒五六年，莫说生崽，连疖子都生不出，咯世莫想抱孙伢子。"

俗话说：冷茶冷饭吃得，冷言冷语听不得。秀娥见婆婆冷嘲热讽，心如刀割。她不知躲在房里哭了多少次呢，有时连枕头都哭湿一边。她的公公和丈夫虽没有明口讲过，可是哪家的丈夫不想自己的妻子能生儿育女，哪家的公公不想能抱着胖孙孙呢！

那年中秋节，她婆家的两个姐姐、姐夫带着他们的儿女来向公婆拜节，秀娥为了顺婆婆的意，合家团圆，也不好意思回娘家。婆婆见了那些外孙和外孙女，喜得合不拢嘴。晚上，一轮明月当空，全家人设酒赏月，吃西瓜、月饼，谈笑风生。她婆婆望着那些外孙争食月饼，又是一番冷嘲热讽："我嫁出的闺女，能生儿育女，有资格上得人家的神龛，我家的命真苦啊，将来还要绝代呢！"婆婆讲个不歇气，连她的两个女儿也说她讲得过分了。幸喜，她的一些外孙还要吃西瓜，婆婆对秀娥说道："屋里没有瓜了，你到后园摘一个来吧！"

秀娥老早想离开了，她来到屋后的菜园，一时热泪盈眶，像雨点般的淌下，不是中秋佳节，她要放声大哭一场。于是她双脚跪在地上，仰望天空："苍天啊！早些把我这薄命的女子处死吧。月亮啊！你圆圆的月华总希望人间合家团圆，而在我这苦命人的身上，还找不到一点圆满的痕迹呢。嫦娥啊！你知道人间不育女子的苦楚吗？像我这样卑下的女子，留在世上怎能过呢？"她正准备上吊，忽听得她婆婆在喊快拿瓜来。她连忙摘了一个又大又好看的西瓜，交给婆婆。说也奇怪，不久秀娥怀孕了，生了一个男孩。她婆婆高兴极了，再也不冷嘲热讽她了，秀娥在家里地位也越来越高。

附近一些不生育的妇女，每当来询问秀娥时，她会详细地讲起"摸秋"的经过。人们的信仰，瓜是多子的象征。后来，人们知道他们的朋友盼望生儿育女时，就在中秋节晚上，到别人地里摘瓜，用鼓乐鞭炮送到他家，预兆多子，故名送"喜瓜"。主家以酒食款待，慢慢地就形成了"摸秋"和"送瓜"的习俗。

（尹少堂讲述，尹质彬采录，
流传于湖南省桃江县）

八月十六送十五

这地方有个规矩：八月十六，当娘的都要给出门的闺女送月饼。

早先，王屋山山下有个小庄，庄里有个姓王的老婆儿，都叫她王大娘。王大娘有个独生闺女，长大嫁到了外村，家里就剩她独个了。女婿觉得丈母娘太孤单，就跟媳妇商量，叫媳妇回娘家住，他当上门女婿。这一说他们就搬去了，王大娘不孤单了，心里很喜欢。

这年中秋节到了，按这里的规矩，出门在外的人，不论离家多远，都得赶回家跟全家人团圆三天。八月十五这天，王大娘的闺女跟女婿回婆家团圆去了，家里就剩她自个，怪冷清。夜里她躺在床上，瞪着俩眼，到半夜还睡不着。她想起闺女好吃枣馍，就点着灯，到灶房去蒸枣馍，打算第二天早上，带着枣馍去看闺女。

她和好面，比着月亮擀个圆饼子，在上面摆些枣，在枣上面又摆一层圆饼子。照这样一层饼子一层枣往上摆，一共摆八层，越往上饼子越小。二、四、六层饼子周围都捏十五个角，安十五个枣。最上面摆上个小饼子，只捏四个角。枣馍做好，放到箅子上，盖上锅盖蒸开了。等枣馍蒸熟，天也快明了。

第二天一早，王大娘挎着枣馍去看闺女。到了闺女家，闺女一见娘的枣馍，伤心得哭开了。为啥哩？因为她见枣馍是八层，二、四、六层周围都捏十五个角，最上面那个小饼子捏四个角，明白了娘的意思：八层表示八月，十五个角表示十五，四个角表示"思"，合起来就是八月十五思念女儿。女婿见这情景，也直掉泪。因为团圆三天还没过完，闺女不能跟娘回去，吃罢饭，也照样给娘蒸个枣馍，表示闺女同样想娘，叫娘挎着先回去了。

庄上的人知道了，都觉着王大娘做枣馍瞧闺女挺有意思。第二年八月十五，很多当娘的也都学着王大娘那样，蒸个枣馍，第二天给出门的闺女送去。因为王大娘的枣馍是比着月明擀的面饼子，人们就把这种馍叫"面月饼"。又因为是过罢八月十五第二天给闺女送的，就把这回事叫作"送十五"。不过现在送十五不再送面月饼了，送的都是买来的月饼。

（张怀兰讲述，范国宣采录，
流传于河南省济源市）

嫦娥飞天

后羿奉玉皇大帝的旨意下到凡间，用他那张神弓将九个太阳射落八个，留下一个为人们照亮。随后又降服了一些妖魔鬼怪，人间出现了太平景象，人们都称颂后羿是射日英雄、降魔之神。后羿回到天庭后，玉帝就把仙女嫦娥许配给了他。

后羿见玉帝看重他，也觉得自己的功劳大，眼睛里就没得诸神众仙了。他整天和嫦娥东游西逛，稍不顺心，不是跟这个吵就是跟那个闹。那些神仙本来对玉帝把嫦娥给了后羿就不服气，说后羿不就是会拉弓射箭嘛，不过是个武夫，

就安起心整他。他们三天两头跑到玉帝面前说他的坏话。久而久之，玉帝想：我不能为了一个后羿得罪众仙，把他弄下凡去算了。他找了个借口，封后羿为有穷国的皇帝，让他带着嫦娥去坐江山，不得返回天庭。

后羿和嫦娥到了有穷国，听到人们都在歌颂他，把他射日的功劳编成歌来唱，心头甜滋滋的。后来，他想扩大自己的势力，要把东南西北四方都变成他的天下。他带兵去攻打周围团转的几个小国。那些

▼ 面塑《嫦娥奔月》

小国一听说是射日的后羿打来了,吓得到处逃,有的不打就投降了。他占领邻近的几个小国后,心越大了,就去攻打东方木德大帝。这东方木德大帝不是别个,正是那蛇头人身的伏羲,本事要比后羿大得多。后羿和伏羲在东海打了一仗,遭打得屁滚尿流。后羿从东海战败回来,垂头丧气,朝事也懒得理了,整天要嫦娥陪他去打猎。没得几天,他就打得不爱了,就用箭射人耍。他把那些遭射倒的人,管他是死是活,蒸起来吃。这样一来,后羿成了吃人的魔王。人们见到他就躲,都咒他早点死。

后羿得知西方有一种灵芝,吃了可以长生不老,就派了很多人去找灵芝。有人把那灵芝给找回来了。他交给嫦娥,说等他选个吉日一起来吃。

再说嫦娥,她原本在天上过惯了仙女生活,跟着后羿下到凡间一直过不惯,心头总是埋怨后羿。不是嫁给他,啷个会跑到凡间来受罪呢!后来见后羿越来越凶残,就更加对他不满。有时她想劝后羿两句,要他行善积德,但还没等她把话说完,后羿就大吵大叫,根本听不进去。嫦娥拿到灵芝后,心想后羿呀后羿,你现在已经成了暴君,好事不做,坏事做尽,人们都望你早点死,你还想啥子长生不老?你要真的长生不老,人间就更没得好日子过了!她悄悄跑到山上去,采了一只跟那灵芝差不多的毒菌藏起。

这天,后羿喊嫦娥把灵芝拿出来。嫦娥就把那只毒菌给了他。他本想一个人独吞,又想到嫦娥是跟他一起下的凡,话不好说,就叫嫦娥一起吃。嫦娥来了个顺水推舟,说他是一国之君,让他一个人先吃,二天再派人给她找一只来吃就行了。后羿巴不得,拿起那毒菌就吞吃下去了。没隔好久,就见他脸青面黑,肚皮痛得在地上打滚。这时,嫦娥拿出那只灵芝对后羿说:"后羿,我你总算夫妻一场,我要让你死个明白。刚才你吃下去的不是灵芝,是我给你采的毒菌。你做尽了坏事,留着你是个祸害。你我夫妻的缘分今天就算了结。真灵芝在这里,你看着我吃吧!"说完,把灵芝一口一口地吃下去,就慢慢升上天去了。

后羿遭了嫦娥的暗算,想拿弓箭把她射下来,殊不知毒菌的毒性大发,他再也无力拉弓,倒在地上七窍冒血死了。

(张文奎讲述,陈朝友采录,

流传于重庆市巴南区)

↳ 敦煌莫高窟第205窟藻井兔月图（唐）

月牙泉的来历

相传很久以前，敦煌一带是一望无际的茫茫大戈壁，没有鸣沙山，也没有月牙泉，三危山麓只有一块小绿洲。

有一年这里大旱，井底干涸，树木枯了，庄稼死了，人们干渴难忍，大放悲声。美丽、善良的白云仙子在天空飘流，她看到这里荒凉不堪的田野，听见人们的哭声，心中如针刺一般。但是，没有龙王的旨令，得不到雷公电母相助，她也没办法降雨，只好伤心地掉泪。哪知银光闪亮的泪珠儿落到地上，便聚集在一起，变成了一眼清泉。泉水汩汩流出，润湿了土地，枯树绿了，苗发芽了，人们也笑了。

大家为了感谢白云仙子的恩德，称她为白云菩萨，在泉边修了座庙宇，塑了她的金身。庙宇落成大家都来烧香，好不热闹，这样，对面神沙观里便断了烟火。

神沙观里住着神沙大仙。他从西天游玩回来，一看门庭冷落，便破口大骂："沙海是我的地方，你白云仙子逞什么能，好，咱就看谁厉害！"于是，神沙大仙来至泉边，抓起一把沙子一扬，平坦的戈壁滩上，立时长起了一座大沙山。沙山把水泉包在中间，弄得泉眼越来越小，水也越来越少。人们叹息道："旱魃回来了，苦日子又来了。"

白云仙子闻声赶来，一见大沙子，就知道是神沙大仙嫉妒她，施法报复。但这是人家的地盘，又不好说什么，她低头略思片刻，上九天去找嫦娥仙子了。

嫦娥把白云仙子迎进广寒宫，问："妹妹今日来此，定有要事吧？"

白云仙子说："向你借样东西。"

"借啥？"

"借月亮。"

"借月亮干什么？"嫦娥问。

"神沙大仙欺负我呢，要用流沙填清泉，让人们受苦受难。我想向仙姐借月亮与神沙大仙斗法。"

嫦娥说："你为人间造福，我应相助。只是今日恰好是初五，月亮还没有圆呢。"

"那不要紧，就把初五的新月给我。"

嫦娥答应了。白云仙子捧着弯月返回，把月亮摊在庙前，眨眼之间，变成了一座形如弯月的水泉，这就是现在的月牙泉。

这事让神沙大仙知道了。他又使出神法，去填月牙泉。嫦娥仙子见神沙大仙蛮横无理，便轻轻将衣袖一甩，一股清风呼呼鸣叫，一下子把填泉的流沙吹上山顶。神沙大仙见状，气得七窍生烟，吼声如雷，却无可奈何，这就是鸣沙山。

几千年过去了，月牙泉始终未被流沙埋住。直到现在，还能听到沙山的雷鸣声，还能看到下泄的沙被徐徐的清风吹上山顶的奇景呢。

（杨大爷讲述，陈钰采录，流传于甘肃省敦煌市月牙泉村）

卢沟晓月

"卢沟晓月"是燕京八景之一,自从乾隆题了碑就更加有了名。

这块石碑在卢沟桥东头立着。周围还有四根盘龙宝柱护着。据说,这四根柱子上原来还有个宝顶,叫皇亭子,不知什么年头,被一阵风刮跑了。为这还出了几个皇亭子的地名。可是"卢沟晓月"这块碑是怎样题下的呢?民间有这么一段传说。

从前,卢沟桥这地方十分荒凉。桑干河的河水浑浊,号称小黄河,时常泛滥。可自从有了卢沟桥,河水变清了,人们说这桥有灵,就把它说成神桥。可当地人说,卢沟桥的神奇,还不在这儿,在哪儿呢?在这地方月亮比别的地方出得都早。别处初一、初二看不见月牙儿,卢沟桥这地方,每到初一、三十晚上都能看见月牙儿。大年三十夜里看得更真切。一到五更,那东南方向就现出一弯明月,渐渐上升,照得桥上的石狮子都清清楚楚。不过,这种奇景只有两种人才能看到:一种是十五岁以下的童男童女;一种是大命之人。人们都这么传说,传来传去传到乾隆皇帝的耳朵里。

乾隆是个好游山玩水的人,他几次下江南都从这桥上路过,可是就没有看见过这种奇景。如今他听说卢沟桥的月亮有这么神,又觉得自己是个大命之人,就打算专程去瞧瞧。

这天,正是大年三十晚上。乾隆想这可是到卢沟桥看月亮的时候,于是就叫人预备八抬大轿,说是要上卢沟桥。这时宫里正忙着过年,一听皇上要上卢沟桥,大家都愣了:照老规矩,这天无论谁也不能离开皇宫。今天,皇上怎么突然要上卢沟桥呢?这不是发疯了吗?可是皇上下了命令,谁敢说个"不"字,只得照办。于是就有八抬大轿把乾隆抬到卢沟桥。

宛平县令正在过年,一听说皇上驾到,吓了一身冷汗,赶紧叫人点上灯笼、火把,列队迎接。乾隆下了轿二话没说,直奔卢沟桥上,众人也都随着上去。这时乾隆两眼直直地向东南方向望着,可只见星斗满天,却不见卢沟桥明月。乾隆十分扫兴,询问左右:"怎么不见月亮?"左右也不知来由,只好上前瞎说一气,有的说,灯笼、火把多,看不清楚。乾隆一听,觉得这话有理,立即下令把所有的灯笼火把熄灭。顿时,卢沟桥变得一片漆黑。乾隆又使劲望了一阵，还是没瞧见。他心里发起急来，叫来宛平县令，大声斥道："你这官是怎么当的？这卢沟桥不是三十晚上出月亮吗？"县令连忙说："是，是！""那为什么看不见呢？""小的也只是听说，这月亮只有大命之人才能看见。"

乾隆想，我是一朝之主，命还不大？怎么会看不见呢？这一定是瞎说；可是又一想，我兴师动众来看月亮，要说看不见，还称什么大命之人呢？岂不叫百官耻笑？想到这里，就说："你们都退下，叫我仔细看看。"

左右退在一边，他自己在桥间望东南方向仔细地看。看着看着，就觉得仿佛有一弯明月，就在天上。他再仔细看看，越看越觉得真有月亮，于是叫来左右，说："你们看月亮，月亮就在那儿。"

众人个个上前，也都看了一会儿，可是谁也没看见。乾隆在那里还一个劲儿问："看见没有？看见没有？"众人齐声说："我们命薄，没有眼福。"乾隆听了更是高兴，觉得自己确是大命之人。随后，他吩咐说："给我预备笔砚，我要写诗。"

宛平县令急忙叫人抬出雕漆书案，呈上文房四宝，灯笼火把立刻点亮起来。

乾隆坐在那儿沉思。一会儿背诵："河桥残月晓苍苍，照见卢沟野水黄。树入平郊分淡霭，天空断岸隐微光。"一会儿吟咏："河声流月漏声残，咫尺西山雾里看。远树依稀云影淡，流星寥落曙光寒。……"想从中找点好句，可是吟来吟去，都不满意。

这时，有一个臣子说："陛下，臣闻徐渭有一首竹枝词，不知可用否？

乾隆说："讲来。"

这位臣子放声吟道："沙浑石涩夹山椒，苦束桑干月一条，流出卢沟成大镜，石桥狮影浸拳毛。"

乾隆没等听完就摇了头。他觉得徐渭这首诗写得太凄凉了，应该写出卢沟这幽美的月色。

另有一个翰林，看出了他的心思，上前说："臣有几句不知如何？"

乾隆说："讲。"

翰林吟道："霜落桑干水未枯，晓空云尽月轮孤。一林灯影稀还见，十里川光淡欲无。……"

乾隆一听，连说："好，好。"他当即想了一下，随后提起笔来，写了四个大字："卢沟晓月"。

众人一看,齐声喝彩,急忙吩咐刻碑。就这样,"卢沟晓月"的石碑就立在了卢沟桥头。从此,这个风景也就出了名儿。

(晨子采录,流传于北京市丰台区卢沟桥镇)

日月潭的传说

日月潭原来叫作水社湖,湖边有个水社村。相传二百多年前,阿里山里有一个勇敢的猎人阿巴里。阿巴里在阿里山中射伤了一对恶龙,它们向北逃窜到水社湖,就双双扎进湖中养伤。于是,人们就把水社村叫作龙湖。

一天傍晚,太阳正从湖边经过。龙公一见红彤彤的太阳像个大绣球,伸出爪子就把太阳抓进了湖中。过了几个时辰,月亮又从湖边经过,龙母也伸出爪子把月亮抓进了湖中,它们把太阳和月亮藏在湖底,每天吞吐着尽情地玩耍。从此,天地漆黑一团,再也分不清白天和黑夜。猎户们打不到猎物,农夫们种不了庄稼,渔民们捕不到鱼虾,人间一片哭声。

阿巴里听说恶龙又在作恶,发誓一定要除掉它们。可是,怎么样才能战胜恶龙呢?到了晚上,他梦见妈祖婆对他说:只有用阿里山洞里藏着的金箭头才能打败恶龙。第二天一早,他点燃火把,背上弯铁弓,爬上高高的阿里山,在山洞里找到了金箭头。他插上金头箭,向水社村出发了。

不知走了多少天,阿巴里来到了一条清水溪边,又宽又深的溪水挡住了他。突然对面出现一团明亮的火光,火光处划来一只小渔舟,船头上站着一个漂亮的姑娘正向他点头微笑。姑娘说她叫水

↓ 西湖景色

社，是玛祖婆叫她来接他的。

于是，阿巴里跳上小船过了小溪。他俩来到龙湖，眼前突然出现了两个亮晶晶的东西，在湖水中忽上忽下地滚动着，这正是太阳和月亮，被两条恶龙含在口里一吞一吐地玩弄着。阿巴里从背上摘下弯铁弓，搭上金箭头，向着北边的水面上瞄了一会儿，又向南边的水面上瞄了一会儿，却不敢放箭。

水社姑娘早已猜到了阿巴里的心思，知道他是怕射到恶龙以后，恶龙一疼会把太阳和月亮咬坏了。她急忙从怀中掏出两个绣球，一个扔向潭南，一个扔向潭北。两条恶龙一见那五颜六色的彩球，赶忙吐出了太阳和月亮，追过去紧紧咬住了彩球。水社姑娘马上朝恶龙撒出了两把绣花针。两条恶龙被绣花针刺疼了眼睛，在水中直打滚。阿巴里一看，赶忙拉响弓弦，两支金箭头一前一后直向两条恶龙的头上射去。两条恶龙大吼一声，驾着云雾逃到附近的一条清水溪里。它们又把这条台湾最长的清水溪，搅闹成了浊水溪。

恶龙扔下太阳和月亮，逃走了。阿里巴和水社姑娘连忙跑到潭边，捧起红彤彤的太阳和亮晶晶的月亮，使劲往天上抛。可是，抛来抛去总是往下掉。

正在这时，玛祖婆驾着祥云飞来告诉他俩：玉山顶上有两棵棕榈树，能把太阳、月亮顶上去。

阿巴里和水社就一起去，不知又走了多少天，历尽千辛万苦，从玉山顶搬来了两棵棕榈树，在阴历八月十五那一天，他们终于把太阳和月亮顶上了天。阿巴里和水社怕恶龙再回来作恶，就双双抱着大棕榈树，守在湖边。天长日久，阿巴里和水社变成了两座大山。阿巴里变的山又高又尖，直刺云天，人们叫它大尖山。水社妹变的山弯腰俯首，深情地凝视着碧潭，人们叫它水社山。龙湖呢，因为它的北半边形状像日轮，南半边像上弦的新月，于是，人们就把龙湖改名为日月潭。

风俗

中秋节是家人团聚赏月为主要内容的中国传统节日，民间俗称"团圆节"、"八月节"。

我国现代社会，中秋节是仅次于春节的第二大传统节日，因其发展传承历史久远，影响广泛，受到各地区各民族人民的广泛重视。中秋节不仅在广大汉族地区受众面广，而且在一些少数民族，如壮族、布依族、侗族、朝鲜族、仡佬族、傣族、黎族、畲族、京族等二十多个民族也有欢度中秋佳节的习俗。中秋节的民俗文化还流传到日本、韩国、新加坡、越南等国。

中秋节的民俗活动很多，最常见的是一家人围坐在一起，庆祝中秋，共赏明月、祭拜神仙、吃月饼、游戏娱乐等。此外，各地还有许多花样，如卖兔儿爷、走月亮、放灯、曳石等，给人留下深刻的印象。

└ 农民画《立秋》 盛璞作

拜月赏月

中秋节是远古天象崇拜——敬月习俗的遗存和衍生。周代就有"秋分夕月（拜月）"（《周礼·春官》）的活动；汉代又在中秋时融入敬老养老的内涵；唐代时，中秋节俗得到充分发挥和演进，如将中秋与嫦娥奔月、吴刚伐桂、玉兔捣药、

祭月

杨贵妃幻化月神、唐明皇升天入地碧落黄泉游历月宫等神话故事联系起来，使中秋文化充满瑰丽多姿的色彩和浪漫迷人的生动魅力。明清时期，中秋赏月慢慢形成了一套相对固定的祭拜仪式。诸如，拜月时，每家都要设"月光位"，在月出方向"向月供而拜"。所陈供的祭果祭饼必须是呈圆形状的，祭拜之时要置月宫符像，符上玉兔像人一样站立，陈瓜果于庭院，月饼上还绘有月宫蟾兔，男女素拜烧香，且时焚化。宋代中秋拜月习俗都是求月神赐福，男人求功名利禄，女人则求貌美如仙。后来演变成女人的专利了。因为月亮为阴象之物，有些地方祭拜月亮时，男子不得参与。民间有"男不拜月，女不祭灶"之说。

赏月是中秋节的盛事。据闻在唐时盛行，《唐逸史》中有关于唐玄宗游月宫的逸事。后渐为民间欣赏和仿效。赏月之事系出，此处不再追叙。但一家人围坐庭中，一边品食月饼，饮桂花酒，一边欣赏一轮明月，共话团聚圆满天伦之乐，确属人生一大快事。

我国东北地区，多称中秋节为"八月节"。这一天，远在外地的游子要尽量赶回来与家人团聚。出嫁的女儿也要回到娘家，在月圆之时与家人团圆，月圆满与人团圆天人合一，是古人祈求家庭幸福美满的生动写照。

江南一带民间中秋节习俗多种多样。南京人合家在明月高悬时，同登望月楼，游玩月桥，以共睹玉兔为乐。苏州赏月的习俗叫"走月"。中秋之夜，姑娘们有的独自外出，借月色之美与心上人相聚；有的结伴而行，托月寄情；更多的是三五成群，伴着迷人的月光，走街串巷，探亲访友，以求月圆人团圆。上海的女性在中秋节夜晚也可以乘月出门游玩，所不同的是，女性外出时必须要过至少三座桥，在当地叫作"走三桥"。

浙江绍兴人把月亮叫作"月亮婆婆"。中秋月亮之夜要供月，在院子里将月饼、南瓜及水果等食物供奉桌上，还放一碗凉水，烧香燃烛。女人和孩子在桌前拜月。随后，女人们要用桌上的凉水涂抹自己和孩子的眼睛，据说这样可以使眼睛

┴ 祭月

明亮。最后全家围坐一起，赏月并拉话家常。在浙江有些地方，中秋之夜，流行一种"照月得子"的习俗。一些久婚不孕的妇女，在月行中天之际，独自一人静坐于庭院之中，沐浴月光，渴望月宫仙女

农民画《处暑》 陆子英作

洒下的甘露使她怀孕。此外,西湖的月景是杭州人览胜的绝佳去处。"平湖秋月"、"三潭印月"和"月岩望月"风光旖旎,令人沉醉,令人神往。加上波澜壮阔的钱塘湖,共同构成杭州观潮赏月的天堂美景。

可与西湖相媲美的还有苏州中秋习俗中的"石湖串月"。据说,在苏州城西石湖边上的行春桥,有个环洞,在明月之夜能看到水面上有一串月亮,这就是"石湖串月"。而且围绕"石湖串月"发生了许多美丽奇幻的故事传说。这一奇观引来周边许多群众观赏。石湖岸边舟楫如梭,游人如织。赏月的、上香的、爬山的、吹箫的、唱歌的,络绎不绝,热闹至极。

苏州人看"石湖串月"的赏月习俗与北京的"卢沟晓月"、杭州的"三潭印月"、太湖的"石公秋月"被人并称为我国的四大月景。

在山东潍坊地区则流行中秋唱月,祈愿丰收的习俗。明月初升时,每家把自制的月饼放在麦秸编成的圆垫上,让孩子们端在街上或村头去唱:"唱月饼,赛月饼,来年更盼好光景。"寄托了人们对丰收的企盼。胶东一带流行"圆月",即在拜月之后,手托月饼,臂绕圆圈,边绕边唱:"圆月了,圆月了,一斗麦子一个了!"过后,全家备有酒菜,一边分食月饼,一边赏月。山东有的地方中秋时要挂上月光马儿,月光马儿上印制一个类似嫦娥奔月的图案,称作太阴星君,下面还有一只小兔。摆上月饼、西瓜等水果食物,还要特别供上一捆青豆,来喂饲兔儿爷。山东聊城、济宁等地中秋节这天晚饭后要在院子里摆上供桌并陈设供品,烧香拜月,然后全家人共同赏月、吃月饼。在微山湖一带,中秋时必备碗筷,以示对游子的思念和祝福。以船为家者,在拜月饮酒前,要先在"将军柱"前摆一碗酒,祭祀船民信仰的"伙计神",俗称"敬伙计"。

北京门头沟一带八月十五在院子里祭拜月亮,供品有月饼和团圆饼以及各色水果。在水果中,西瓜必不可少,但不能摆梨,因为西瓜有团圆之意,而"梨"与"离"同义。另外,传说中月中玉兔喜食毛豆,于是便要在供品中插入红色的鸡冠花和带枝的毛豆。祭拜礼毕,举家聚在月光下喝桂花酒,大家一起分享中秋美食。

河北秦皇岛市青龙满族自治县祭月风俗传承久远。祭月仪式大都在月亮升起之后进行,于露天的地方设立香案,供上月饼、瓜果等物,然后拈香膜拜。拜月活动都由妇女操持。民间认为,如果让属于阳性的男人拜月,不但无益,反而会招灾。在当地,还有做母亲的在中秋节为自己的儿女祈求婚姻的习俗。人们笃信男女婚姻月老为媒,中秋节的月亮最圆,月老也最能做好事而成人之美。所以,许多母亲对月膜拜,乞求月下老人撮合姻缘。

山西大同市一带中秋之夜要在院子里合家围坐，摆下各种节日食品，看月亮，聊天讲故事，往往到入夜时分才恋恋不舍地散去。

四川西昌市有"月城"的美称，中秋之夜赏月是西昌人重要的节俗内容。成都人除了赏月外，中秋节这天还要同家人一起去公园赏花。一些城里人还兴致勃勃地到郊区去享受清风明月，度过难忘的中秋佳节。

云南宣威市有的地方中秋之日，大人要给小孩沐浴更衣，还要清除垃圾、洗洁灶具。晚饭后，在院子里摆放桌子，放月饼、糖果、花生、核桃等，一家人围坐桌旁，欣赏明月，谈笑风生，老人给孩子们讲述嫦娥奔月、吴刚伐桂、月兔捣药的神话故事。

赏月的风俗来源于祭月，其风俗由来已久。汉晋之际就有赏月之风，后来与中秋祭月之俗相融合，使祭祀的肃穆中平添了许多轻松欢娱之气氛。唐朝时，中秋赏月、玩月蔚然成风。宋时中秋更成了通宵达旦的祥和之夜。明清以降，中秋节赏月祭月风俗蔓延全国，许多地方还形成了燃斗香、树中秋、点塔灯、放天灯、舞火龙等特殊的风俗。而祭月是许多中秋民俗活动的元文化，围绕祭月活动，各地的节日风俗五彩缤纷，各具情趣。

广东潮汕各地中秋拜月习俗丰富多彩。皓月当空，妇女们便在院子里、阳台上设香案与小孩一起当空祭拜。供桌上还有满满当当的鲜果佳肴和佳饼美食。潮汕中秋还有吃芋头的习俗。在八月芋头的收获季节，农民习惯以芋头来祭拜祖先。广东东莞等地，未娶妻室的小伙子，认为中秋之夜是月下老人为男女做媒的时辰，他们三五成群，于三更时分，在月下焚香燃烛，乞求月老为其牵红线。

香港还有一种"追月"习俗，就是八月十六再进行一轮赏月活动。当晚，许多人带着彩灯、帐篷，准备好美酒佳肴，到户外赏月、拜月、聚谈。

福建浦城县，女子过中秋要穿行南浦桥，以求长寿。上杭县人过中秋，儿女多在拜月时请月姑。在建宁县，中秋夜以挂灯为向月宫求子的吉兆。在福建和台湾，民间中秋节妇女有"听香"之俗。"听香"也叫"拈香"，即中秋夜人们凭无意间听到的声音来预测未来吉凶的习俗。听香者在家中供奉的神像前，燃香礼拜，表明想要卜测的事情，如问财运、问子媳、问丈夫归期等，在请示过出门前行的方向

⊥ 农民画《白露》 曹金英作

之后，便拈香出门。凡在路上听到的谈话声、歌声等，都可以用来卜测所问之事。这一风俗最初流行于闽南地区，后传至台湾，相沿成俗。

台湾人十分重视祭月神，他们称月神为"月娘妈"，或者称太阴娘娘，也祭土地公公，拜谒祖先。台湾民间还有八月十五"祭月老"的习俗。俗话说"千里姻缘一线牵"，这条联系千里姻缘的红线，便是民间传说中月下老人牵配婚姻用的。月下老人素来被视为婚姻之神，于是每年中秋之夜，便有有情人到庙中祭拜月下老人，以祈求圆满幸福的婚姻。而在金门一带，中秋拜月前，人们要先拜天公。闽、台的一些居民，还有坐听月声的习俗。八月十五夜晚，谁能把月中"嫦娥吴刚"的声音听得清楚，谁就能享受到亲人团聚之福、爱情圆满之乐。

在中华民族大家庭中，中秋节的赏月、祭月、拜月习俗在少数民族中也同样流行。

云南傣族盛行"拜月"风俗。中秋节这天清晨，傣族小伙子们纷纷上山打猎，姑娘们结伴到河塘边捕鱼，老阿妈们舂糯米做圆饼。入夜，傣家人在土房顶上摆一方桌，四个桌角各放一块糯米圆饼，每块圆饼插上一炷香。月亮升起时，点燃香火，对天鸣放火药枪，男女老少行拜月礼，然后围坐一圈，吃饼赏月，谈笑娱乐，尽兴方散。

云南阿昌族过中秋的传统习俗是跳月，该族各村寨的老老少少聚集在山中的开阔地跳舞。青年男女沐浴在皎洁的月光下对唱情歌，互诉衷情。

在苗族群众中还盛行跳月和闹月的传统节俗活动。据说在远古之时，人们族群居住，但男女有别。于是青年男女选择了夏秋月明之夜，特别是中秋晚上，相聚月光下，唱歌跳舞，选择心中的佳偶。苗族群众中流行的闹月习俗同样也是青年人谈情说爱的文化空间。他们吹起悠扬的芦笙，跳起欢快的苗家舞，在如水月光中表白爱情，缔约美好姻缘。

壮族人习惯于在河中的竹排上以米饼拜月，壮家少女在水面燃放花灯，预测一生的幸福，并唱起优美动听的民歌"请月姑"。广西西部壮族的"祭月请神"活动更有特色，每年农历八月中旬中秋之夜，人们在村头村尾露天的地方，设一供桌并陈放祭品和香炉，在桌子的右侧竖起一尺多高的树枝或竹枝，象征社树，也比作月神下凡与升天的样子。活动分为请月神下凡、神人对歌（由一两名妇女作为月神的代言人）、月神卜卦算命、歌手唱送神咒歌并送月神回宫等内容。其中保留了许多古老的月亮神话元素。

朝鲜族人用杆和松枝高搭"望月架",先请老人上架探月,然后点燃望月架,敲着长鼓吹奏起洞箫,一起和跳"农家乐舞"。

地处东北的鄂伦春人祭月时在露天空地上放一盆清水,摆上祭品,然后跪在盆前,向月叩拜。

居住在西北高原的土族人是用盆盛满

丅 月饼模

清水后，将月亮的倒影请入清水盆中，然后人们不停地用小石子击打盆中的月亮，俗称"打月亮"。

台湾地区的中秋节有少女偷菜求郎的习俗。打扮一新的少女乘着月色来到心上人家中的菜园，偷摘蔬菜和大葱，如果采摘到手，就预示着她要遇到如意郎君。至今台湾民间还流传着"偷着葱，嫁好夫；偷着菜，嫁好婿"的俗谚。

湖南的侗寨也流行类似习俗。中秋节的晚上，侗家女孩打着花伞，偷偷来到自己心上人的菜园，借着月光采摘瓜果，希望"月下老人"为他们牵线搭桥，玉成好事。假如能摘到一个并蒂的瓜果，将预兆着两人相亲相爱，白头偕老。广西的侗家人也有"闹月"活动。月亮上来的时候，他们踏着满地月光到邻近的山寨赛歌赛舞，乐声震耳，舞姿妙曼，情意绵绵，不绝如缕。

北方民间还盛行一种卖兔儿爷的风俗。佛经里有一个故事，说神仙分别向狐狸、猴子、兔子求食，狐狸和猴子都给了食物，唯独兔子一贫如洗，它说："你就吃我的肉吧。"然后纵身跳入烈火之中。神仙很受感动，就把兔子送到月宫。这一神话故事在华北地区流传很广。明清的典籍里就有"兔儿爷"的记载，述说人们在中秋节用泥塑成兔形，宽衣博带，正襟危坐，如人状，儿女们奉而祭拜。另有一说尤为深入人心。民间传说讲过去人间流行瘟疫，月宫里的玉兔体察民生疾苦，就下凡给人看病，但它的模样把人们吓跑了。于是兔子就穿上人的衣服，变成人的样

↙ 北京兔儿爷（清）

⊥ 泥塑兔儿爷

子,拿着药杵给人看病。所以民间的泥塑玩具里,把兔儿爷的形象塑造成头竖两只硕大的长耳朵、三瓣兔子嘴,其他地方与人没什么区别,尤其是粉红色的脸蛋透着英气和灵气。身披金盔金甲、大红战袍,背后插伞盖,俨然一副武将打扮。

旧时北京东四牌楼一带,每当临近中秋的时候,就会有许多摊贩兜售各式各样的兔儿爷。人们把兔儿爷请回去,供在祭月的桌上,或者放在居室,成为一种摆设,大人小孩对兔儿爷都格外喜欢。

中秋斗香保留了古时祭月习俗的遗风。这种风俗在民间颇受重视。有的地方的商户们专门制作一种"斗香"出售。这种"斗香"呈四方形，上大下小，用纱绢或纸料糊扎而成，形状似斗，却又装饰得格外好看，四角挑灯，斗里可以点香烛，家家户户买回去，专门用于中秋夜祭月，一时蔚然成风。但现在已很少流传了。

各地各民族的中秋习俗千姿百态，各有差殊，但人们对月圆的盼望和对亲人团圆的祈愿却是一脉相承、一以贯之的。所以，人们把许多神圣的、赞美的话语留给了中秋，留给了月亮。有关月亮的传说和祭祀活动世代相传，佳话迭出。中国各地至今遗存着许许多多"拜月坛"、"拜月亭"、"望月楼"之类的名胜古迹。北京的"月坛"就是明朝嘉靖年间为皇家祭月建造的大型活动场所。现在，祭月拜月活动已逐渐被群众性的赏月游乐活动所取代。

吃月饼

就像元宵节吃汤圆、端午节吃粽子一样，中秋节吃月饼也是中国民间的一大传统习俗，而且在中国已有一千多年的悠久历史。圆圆的月饼寓意团圆，所以有的地方又把月饼叫作"团圆饼"。自古以来，人们就把月饼当作吉祥、团圆的象征。每逢中秋月圆，全家人都要团聚一起，品月饼赏明月，谈天说地，共享天伦之乐。

月饼在中秋节最初用途是作为拜月的供品，后来成为祭品并兼作大众食品，再后来发展为拜月前也吃月饼。拜月习俗淡化，月饼作为团圆饼的意味越来越浓了，逐渐成为明月和团圆的象征。

河北青龙县民间过中秋节，除了全家团聚、佳肴共餐、美酒同饮、相互祝福之外，家家户户还要买月饼，晚辈向长辈敬月饼，亲友之间同样以月饼相互馈赠，取团圆欢乐之意。张北县、万全县等地，各家要定制一个特大号月饼，供在月前；供完之后，按人数平均切开，每人一块，称为吃"团圆饼"。

成都都江堰一带，中秋节到来时，女婿要备上月饼等礼品给岳父岳母祝贺节日。

福建龙岩人吃月饼时，家长会在大月饼中央挖出直径二三寸的圆饼供长辈食用，意思是秘密事不能让晚辈知道。

甘肃庆阳市中秋节喜欢吃千层饼，这

种饼与月饼相似,庆阳乡村至今保留着自己制作千层饼的习俗。

中秋月饼的吃法很有讲究,一般切月饼都要均匀切成若干份,按人口数平分,每人都分配吃到月饼的一块,象征家庭成员是团圆的一部分。

台湾地区的中秋食俗花样繁多,台湾中部和东部一些地方,至今还传承着夺"状元饼"的习俗。一般在中秋节前十天就开始,中秋之夜达到高潮。状元饼也是月饼,但它又与我们经常食用的月饼不同,它是按旧时的科举制度中,文人为博取功名讨取彩头的玩法创造出的一种游戏活动。即按广式、潮式、苏式和宁式配套而制作的大大小小的63个月饼;每套包括状元、榜眼、探花各1个饼,8个进士饼,16个举人饼,32个秀才饼,还有若干个贡生、童生和白丁饼。状元饼最大,像脸盆般大,以下按次缩小,最小的白丁饼只有铜钱那么大。节日来临,人们按饼的大小次序,放在桌面上,用红纸标明名称,然后开始争夺状元饼。大家轮流掷骰子,按点数来决定谁能得到状元饼。幸运者意味着来年必有好运气。据说,台湾中秋夺状元饼的习俗,沿袭于福建沿海地区,在泉州、漳州和金门等地,都有与台湾夺"状元饼"相似的娱乐活动。另传,台湾夺"状元饼"的习俗是由郑成功带入台湾。郑成功收复台湾后,从内地去台湾的广大官兵,日夜想念家乡的亲人,尤其是每逢中秋佳节倍思亲。郑成功为排遣官兵的愁绪和思乡之苦,让部下设计发明了一套玩饼的游戏,以供官兵们中秋节解闷儿。这套玩法流入民间,逐渐形成了中秋夺状元饼的习俗。

除了吃月饼,中秋节打糍粑也是一道风景。圆圆的糍粑用糯米制成,既有团圆、团聚的意味,又有把大家黏在一起,永不分离的寓意。打糍粑的习俗主要集中在长江中上游的四川、重庆、湖北、湖南等水稻耕作地区。农谚还有"中秋不打粑,婆娘儿女不回家"的说法。三峡库区的涪陵农村,家家置办佳肴美酒,打糍粑,磨豆花,煮腊肉,喜庆丰收,其乐融融。农村男女订婚,女方要打两个大糍粑,再分别贴上两个大红喜字,表示要把新女婿牢牢黏住,配成圆圆满满的一对儿。

此外,中秋节还有赏桂花、吃芋头、尝新果、饮新酒、吃南瓜、吃田螺等食俗。

其他风俗

树中秋 树中秋是广东地区最富有情趣的传统习俗。每家每户都用竹条扎灯，扎成各式各样的灯彩。到中秋节的晚上，在灯内点燃蜡烛，下面再联结上许多小灯，用绳系在竹竿上，然后将竹竿插在房屋高处，如屋顶、平台或者大树上。入夜时分，满目灯火，繁星点点，与明月相互映衬，分外明亮，俗称"树中秋"。

照月求子 传说八月十五中秋夜，久婚不孕的妇女，可于月满中天的时候，独坐于庭院中，静静地享受月光浴，不久就能怀孕。于是，盼望生儿育女的妇女，就在这天夜里"照月"求子。还有一些乡间女子，为早生贵子，也在中秋节夜里到别人家的瓜果园里偷偷采摘冬瓜，并在冬瓜下面插一个红辣椒，取瓜果之大腹而圆满，红辣椒代表男孩子的生殖器，寓意能生男孩。

抛帕招亲 福建南平、尤溪一带流行中秋节"抛帕招亲"。人们在广场上搭一个彩台，布置成月宫状，里边有玉兔、桂枝等。明月当空时，一些待字闺中的女子装扮成"嫦娥"模样登台，先和大家一起唱歌，然后把一些绣有不同花朵的手帕向四面八方抛去，顾客纷纷抢拾。如捡得的手帕与"嫦娥"手中的花色相同，就可领赏。如果是未婚男子爱上这位"嫦娥"，就把手帕还给她，当"嫦娥"默许时，会摘下戒指相赠。

预测天气 一些地方流传着根据中秋节的天气情况来预测来年物候及收成的习俗。各地有许多这方面的农谚。如上海有"云掩中秋月，雨打上元灯"；"八月十五雨淋淋，正月十五雨打灯"。河南民谚："雪打上元灯，云罩中秋月。"河北讲："八月十五云遮月，正月十五雪打灯。"对天气的类似预测，仅是一种俗信，目前已逐渐失去了公信力。

庆丰收 农历八月十五秋高气爽，农作物成熟、丰收在望。为了酬谢大自然及神灵的恩赐，农家人在中秋节要举行各式各样的祭祀和庆祝活动。如台湾农民在中秋节要祭拜土地公，山东有的地方农村要祭土谷神。

中秋节还有许多丰富的民俗活动，如游园会、放烟花、荡秋千、舞火龙、燃宝塔灯、放孔明灯、观灯会、猜灯谜、赛歌会等等，普遍带有浓厚的地方特色和民族风格。

⊥ 农民画《秋分》 张美玲作

饮食

吃月饼是中秋节饮食习俗中的重要内容。月饼，又有叫胡饼、宫饼、小饼、团圆饼等，它何时出现已无从考起。但是，这一食物与人们日常饮食中的面饼关系密切。

月饼与中秋何时相关联的呢？据说，中秋吃月饼起于唐代。唐高祖李渊与群臣共度中秋节时，手里拿着吐蕃商人进贡的圆饼，指着天上的圆月道："应将圆饼邀蟾蜍。"随即将圆饼分给群臣。《洛中见闻》曰：唐僖宗中秋吃月饼，感到味道很美。又听说新科进士正在曲江宴饮，便命将红绫包裹的月饼赐给进士们。唐以后，关于月饼的记载开始多起来。南宋周密的《武林旧事》卷六《蒸作饮食》中罗列了"荷叶饼"、"芙蓉饼"、"羊肉馒头"、"菜饼"和"月饼"的名目，兼述当时民间的"以月饼相馈，取中秋团圆之意"。吴自牧的《梦粱录》卷十六《荤

⊥ 月饼模

素从食店》中也有"菊花饼、月饼、梅花饼",并说明"四时皆有,任便索唤,不误主顾"。这些可视为日后月饼成为节日专门食品的铺垫。

到明代,有了大量关于中秋节和月饼的记载,而且将它们明确联系在一起。田汝成的《西湖游览志余·熙朝乐事》中:"八月十五日谓之中秋,民间以月饼相遗,取团圆之义。是夕,人家有赏月之宴。"沈榜《宛署杂记·民风》之"八月馈月饼"说,"士庶家俱以是月造面饼相遗,大小不等,呼为月饼。市肆至以果为馅，巧名异状，有一饼之数百钱者"。《明宫史》中写道，八月开始，就有卖月饼的。人们买了月饼、西瓜、莲藕等赠送亲友。八月十五月圆之时，烧香祭月之后，开始大吃大喝，夜尽才归。将剩下的月饼放在干燥通风处，年底全家人分食，称作团月饼。明代方志记载了很多关于中秋月饼的信息。嘉靖《威县志》："中秋，置酒玩月，为月饼馈之。"崇祯《嘉兴县志》："十五是为中秋，做饼肖月形，曰月饼，有相馈遗者，取团圆之义。"河南《夏邑县志》中："乡市民设西瓜面饼于庭，曰团月。"提到的面饼即月饼。河南《通许县志》的"中秋，月初上市陈瓜果酒肴于中庭，以面做一大饼，祭毕家人分食，谓之团圆饼"里的团圆饼也是月饼。崇祯浙江《宁海县志》："八月中秋，以西瓜、圆饼赏月，取团圆之义。"正德江西《建昌府志》："中秋，登楼玩月，多用西瓜、圆饼，亦取月圆之义。"

明代中秋节俗重视拜月和团圆，这正好是中秋月饼的文化意义所在，它既是供品，也是团圆饼。这种诉求赋予了月饼感情的因素，使人们每到一定时候就想起它。又因为所祭月亮是圆形的，"其祭果饼必圆"。

陕西西安一带，每到中秋，家家做馍，举家共吃一馍，曰"团圆馍"，这种馍的做法是，分两层，中间夹芝麻，上层有一圆形，象征中秋月，站一吃蟠桃的小猴子。人们将馍分成若干块，全家每人一块，外出和出嫁的人也都有份。

昆明也有做"阖家大月饼"全家分而食之的习俗。中秋时节，正是收获的季节，瓜果上市，新粮进仓，也是用新粮做面食为供品的好时机。

按照民间习俗，祭拜完月亮的月饼撤下供桌后不能扔掉，而是分而食之。逐渐地中秋节吃月饼就成为了中秋节的一个重要的、有特色的内容和标志性的符号。

明彭蕴章《幽州风俗》写道："月宫饼，制就银蟾絮府影，一双蟾兔满人间。悔煞嫦娥窃年药，奔入广寒归不得，空劳至杵驻单颜。"可见当时人已将嫦娥奔月的传说艺术地再现到月饼之上。

清代宫廷生活沿袭明制，每到中秋便做月饼。但为适合本民族的饮食习惯，在月饼馅里掺入了奶油等作料，制作出"敖尔布哈（满语，奶饼子）月饼"等特色品种，清宫月饼在形状上，从寸许到尺余，大小不同；重量上，也是几两到几十斤的都有；品种上，除敖尔布哈月饼外，还有桃顶月饼、供尖月饼、自来红月饼等二十余个品种,"月饼包装桃肉馅,雪糕甜砌蔗糖霜"。当时,最大的月饼直径一尺有余,上刻了月宫蟾兔、嫦娥桂花图案,供祭祀之用。除宫廷外,清代民间月饼的种类也更多、更讲究,袁枚《随园食单》中介绍了许多月饼的名称,如因馅料不同而得名者——豆沙饼、枣泥饼、松仁饼、瓜子仁饼、核桃仁饼、冰糖饼、红糖饼、猪油饼等,食单中还介绍了月饼的制作方法。曹雪芹《红楼梦》中也用不少篇幅介绍了当时大户人家中秋吃的月饼。

当代的袁景澜有《咏月饼诗》:"入厨光夺霜,蒸釜气流液;揉搓细面尘,点缀胭脂迹;戚里相馈遗,节物无容忽;皓月瑶池怨,碗中泛青光;玉食皆入口,此饼乃独绝;沾巾银丝透,举头相思愁;儿女坐团圆,杯盘散狼藉。"艺术地再现了中秋的月饼食俗。

关于中秋节吃月饼,还有不少传说,流传最广的是元朝末年,中原和江南人民不堪忍受统治者的压迫,纷纷起义。朱元璋联合各路反抗武装,统一行动。为了行动一致,军师刘伯温想出一条妙计,命下属把写有"八月十五夜起义"字样的字条藏在月饼中,派人分头送往各地起义军的手中。起义行动成功后,朱元璋很高兴,遂将月饼定为中秋食品,每到中秋节赏赐给大家。以后这种既好吃又有意义的食品就成了中秋的显著标志。

月饼,还与各地俗信相关。清代《台湾府志》载,月饼以前曾被台湾学人作为占卜未来功名的工具。清代以八月十五为乡试第三场考试的日子,人们给月饼和科举功名相对应的名称,如状元饼、榜眼饼、探花饼、会元饼、进士饼、举人饼、秀才饼等,参加占卜者以六个骰子掷于碗中,视其点数多少预测未来功名的高低。

明代以后,月饼作为节令食品,在品种、用料、口味和样式上不断发展、不断丰富。至此,还应当说到制作月饼的工具——饼模子,它除了使做出的月饼花样百出外,自身也衍化成了一种很有价值的民间工艺品。人们在做月饼之前,先根据需要做出许多刻有嫦娥、月宫、桂花、玉兔等图案的模具,以后更开发出各种吉祥如意图文题材,用来扣制月饼。由于各个地方不同的文化和刻模子工匠的不同素养,形成了不同风格的艺术派别。

月饼发展到现在,已经有了许多不同

月饼模

风格的系列产品，人们通常将它们称为京式月饼、苏式月饼、广式月饼、滇式月饼等。月饼的制作方法各异，如：提浆月饼，也叫浆皮月饼，是熬糖浆掺入面团做月饼的面皮，包入咸肉、甜肉、火腿、枣泥、豆沙、莲蓉、椰茸等。广式月饼主要是此种做法。此外，广式月饼的模具很精细、多样，打出的月饼有圆形、方形不等。酥皮月饼，是将面粉、饴糖、猪油用热水搅拌作皮，馅料是百果、豆沙、玫瑰、椒盐、火腿、鲜肉等。苏式月饼多属此类，苏州老稻香村的清水玫瑰月饼是其代表。硬皮月饼，用面粉、白糖、饴糖、香油加小苏打和面作皮，用冰糖、白糖、香油、桂花、瓜子仁、核桃仁、青红丝作馅，最具代表的是北京的"自来红"、"自来白"（自来红的烤制颜色较深，外皮上有红色标记，馅以冰糖、果仁为主，自来白用精白面烤制，馅料以细作的枣泥、豆沙、豌豆、山楂为主，也有红色标记）。

地处青藏高原的青海，居住着不同的民族，这些民族都有中秋拜月和吃月饼的习俗，但其月饼是用发面蒸制而成，材料还有苦豆粉、红曲粉、姜黄粉、红糖，做的时候，将面擀开，抹一层油，撒一层各种颜色的配料，卷起后再擀开撒色粉，如此反复，形成了多层次、多颜色，很好看。有的上面还用面塑成生动的蛇和桃的形象，寓意多子多福多寿。

北方老百姓的家常月饼也很有特色，和面后包进掺了面粉的红糖、白糖，精细点的加入青红丝、蜜饯、糖桂花、芝麻、核桃等，用饼模翻出，烙熟即可，别有味道。

经过多少个中秋节的历练，每个不同谱系的月饼制作者中，都出现了集中各自特点的代表。

广州陶陶居创办于清光绪初年，以制作月饼闻名，人称"月饼王"，其店名匾额是大名鼎鼎的康有为题写。陶陶居制作的月饼，馅料有火腿、烧鸭、五花肉、五仁、蛋黄莲蓉、椰丝、香菇等几十种，由于品种多、味道美，效仿者众多，全国许多大城市的著名食品店都制作广式月饼。

由南京人郭宝生创办于清光绪二十一年（1895年）的稻香村食品店制作的月饼各地兼容，苏式、广式、京式全有，甜味、咸味俱备，在京城享有盛誉，每到中秋来此买月饼的人络绎不绝。

上海杏花楼是有几十年历史的著名食品店，其广式月饼和苏式月饼远近闻名。

它制作的广式月饼皮薄、松软，入馅的原料有五仁、百果、豆蓉、莲蓉、椰丝、蛋黄、香肠、叉烧肉、火腿、烧鸭等。杏花楼在注重月饼品质的同时，在包装设计上也下足了功夫，明月、嫦娥、翩翩舞姿配以"借问月饼谁家好，牧童遥指杏花楼"的广告词，十分引人注目。

上海另一家著名食品店冠生园，也以制作月饼见长，更让人印象深刻的是，它的月饼广告由20世纪初著名影星胡蝶与冠生园的月饼合影，广告词是"惟中国有此明星，惟冠生园有此月饼"。

由于月饼在人们心目中和生活中的特殊地位，吸引了众多投资者的创业兴趣，近些年来涌现出的宫颐府和好利来等大型食品企业，在保持传统月饼的口味和品种基础上，以先进的生产设备、制作工艺和企业管理模式，使月饼行业在市场经济中具有了规模性和竞争力。

除了吃月饼之外，各个地方还有许多不同的中秋节饮食习俗。

中秋节饮酒的历史很长，历代诗人们在赏月时的佳作，使后人们念念不忘。唐代李白的"花间一壶酒，独酌无相亲，举杯邀明月，对影成三人"中有月的朦胧和酒的醉意。宋代苏东坡的《水调歌头》也是在"丙辰中秋，欢饮达旦，大醉而作此篇，兼怀子由"，其"明月几时有，把酒问青天"、"但愿人长久，千里共婵娟"千古传诵。孟元老《东京梦华录》记："中秋节前，诸店皆卖新酒。"人们多在八月十五前就开始买酒准备过节。到了中秋这天"市人争饮，至午未间，家家无酒，拽下望子"。晚上，又是"争占酒楼玩月"。

唐宋时期还有一种中秋食品，用桂圆、莲子、藕粉制成，叫玩月羹。唐郑望之《膳夫录》中有记载。五代宋初陶谷《清异录》卷四《馔馐》记载了开封的"玩月羹"说，五代时，汴梁阊阖门外大街有一家饭馆，老板张手美，中秋节专卖玩月羹。郑望之《膳夫录》也说"汴中节食，中秋玩月羹"。

八月十五正值秋收季节，尝新粮是各地必不可少的活动。此时，人们用新收获的粮食做成各种各样的面食，庆祝丰收，祈祷来年风调雨顺。

农历八月，也是许多瓜果成熟的季节。《东京梦华录》记载了中秋吃时令水果，元代熊梦祥的《析津志》和清代《燕京岁时

⌞ 果熟来禽图　宋·林椿 作

记》中都有同样的记载。在吃的水果当中，也有的可以说出另外的含义，比如石榴多子，有多子多福的含义。吃水果时也有一些讲究，比如北京人葡萄要吃玫瑰香的、梨要吃京白梨、枇杷要是南方来的。中秋的夜晚，吃着月饼、就着瓜果、品着美酒、望着明月，合家团聚，其乐融融。

八月桂花遍地开，为中秋节增色添味不少。屈原《九歌》中有"援骥斗兮酌桂浆"。民间也有"蟾宫折桂"的说法。因此，桂花与中秋节的关系十分密切。南京著名的"桂花鸭"是当地人中秋节必食之物，桂花鸭是用当年产的仔鸭为原料，洗净抹盐，下锅煮熟后浇上桂花汁（用现摘的桂花加糖和酸梅制成）。桂花汁是许多地方人们做菜时的佐料，也是制作月饼和其他糕点的添加品。南方一些地方的饭店中，中秋节要增添桂花菜。上海人要吃桂花糕、喝桂花酒，在吃芋艿和泡茶时添些桂花。著名作家周瘦鹃的散文中说："仲秋的花与果，是桂花与柿，其金黄色与朱红色把秋令点缀得很灿烂。……我的院子里也有三株桂树，一大二小，大的那株着花很繁，整日闻到它的香甜。到得花已开足，就采下来，浸了一瓶酒，以供秋深持螯之用；又渍了一小瓶糖，随时可加在甜点心的羹汤内，如汤山芋、糖芋艿、栗子白果羹中，是非此不可的。"

清代《潮州府志》记载："中秋玩月，剥芋头食之，谓之剥鬼皮。"说的是中秋食芋头，消灾避邪之俗。芋头主要产于南方，口感细腻，香糯绵软，易于消化。芋艿（即芋头）鸭是浙江舟山人中秋特色食品，将鸭子和芋艿放在锅里一起煮，味道鲜美。关于中秋吃芋艿，有个传说，明代嘉靖八月十六，琼州参将俞大猷率军在舟山与倭寇作战，被困在荒岛上，饥饿难耐，发现一种根部球状的野生植物，煮出来味道很好吃，于是用这种东西渡过难关，打败了倭寇。他们把这种植物叫作"遇难"。当地居民把这种植物进行人工种植，并根据名字的谐音叫成"芋艿"，他们又发现芋艿同鸭子同煮很好吃。以后，在当地八月十六吃芋艿鸭成为习俗。

台湾人过中秋也喜欢吃芋头，而且还把芋头分为芋母、芋子、芋孙作为亲情的象征物。俗话说"吃米粉芋，有好头路"就含有吃芋头路路通的意思。"七月半鸭，八月半芋"说的是这时的芋头好吃。中秋家家户户买芋头，开芋头宴，将芋头做成了芋头饼、芋头饭、芋头果和芋头汤等。高山族雅美人有芋头崇拜，中秋时节如有新船下水，必须搬一筐芋头压舱底，剪彩以后将这些芋头分给亲朋好友，因为"芋"谐"鱼"、"余"音，讨个吉利。

上海人在中秋之夜，除了吃月饼和桂

└ 菊丛飞蝶图　旧题　朱绍宗 作

花糕外，还要吃毛豆和芋艿，这里"芋艿"谐了"运来"的音。

广东的一些地方过中秋节吃芋头，这一习俗传说与黄巢起义相关：黄巢的义军攻打岭南，一次战斗中被围困，粮草断绝，以芋头、田螺充饥，渡过了难关，一举攻克广州。以后民间兴起中秋吃芋头之风。

江苏东台市每逢中秋节，将藕切成饼状，放入碎肉，裹上面粉放入油锅炸熟，称作藕饼，有和睦团圆之意。

过去，江南一带过中秋大户人家吃月饼，穷苦人家吃南瓜。"八月半吃南瓜"的习俗由来已久，传说，很久以前，南山脚下住着一户穷人家，二老膝下只有一女，叫黄花，聪明美丽、善良勤劳。一个灾荒年，二老卧病在床，没吃没喝、奄奄一息。八月十五那天，黄花在南山杂草丛中发现两只扁圆形的野瓜，摘了回来，煮给爹妈吃。香喷喷、甜滋滋的瓜让二老食欲大增，病也好了。以后，黄花把那瓜子种在地里，生根发芽，长出了许多瓜来，因是从南山采来的瓜，就叫南瓜。从此，江南就有了八月十五，家家户户都用老南瓜烧糯米饭的习俗。

"柚子"与"有子"同音，有祈福求子的意蕴，在南方，中秋也是柚子丰收的季节，因此海南有将柚子作为礼物送人，保佑孩子平安和祭祀月娘的习俗。在台湾，柚子是中秋节令水果，人们不仅把它当作过节的吃食，还以它为主角，开展娱乐活动，如剥柚子皮比赛、打柚子、堆柚子、拿柚子当棒球打等。

鸭子是南方随处可见的家禽。农历的八月是鸭子肉最肥、味最美的时候，而且鸭子肉可滋补身体、防止秋燥。在南京、浙江、台湾高雄等地就有中秋节吃桂花鸭、芋艿鸭、水鸭的习俗。

广西仫佬族有一个关于中秋吃鸭子的传说：古代仫佬族被外族番鬼侵占。为反抗外族侵略，仫佬族人用饼子加字条，传递八月十五杀番鬼的消息。到了那天，人们一齐动手把大部分番鬼杀死，一小部分番鬼被赶到河里变成鸭子。后来，人们就用中秋节吃鸭子来纪念反抗侵略的胜利。另外，仫佬族人还有中秋节前全寨人合伙宰一头公牛，取出牛心到中秋节晚上祭祖、分牛肉吃的风俗。

到了中秋节，人们养的塘鱼脑髓充实，有格外滋补的功效。安徽人和江西婺源人在中秋这一天，一定要吃塘鱼，或是将其送给自己的老师当作节日礼物。湖北还有在中秋那天用月亮预测塘鱼丰收的习俗。

秋季也是螃蟹、田螺最肥美的时节。蒸熟的螃蟹，沾着掺了姜丝的香醋，呷着美酒，伴着明月，赏着戏曲，好一个诱人的场面。中秋的田螺空怀，腹内无小螺，肉质特别肥美，营养丰富，所含维生素A对眼睛十分有益，可以明目。

此外，山东人过中秋节要吃三顿好饭，济南早晨吃米饭、中午吃水饺；胶东中午蒸饽饽和包子；即墨吃麦箭（注：当地的一种特色食品，做法是，先用白面摊成煎饼，上面加肉馅或素馅，再用秫秸把夹馅的煎饼卷成筒状蒸熟，吃时再蘸调料，味道鲜美）；诸城在中秋这天则吃芋头、地瓜、花生、萝卜和雏鸡，叫作尝鲜。东北的一些地区中秋时采葡萄、梨子等祭月，陕西地区则在夜晚吃西瓜。

秋日　侯雪昭　（陕西）

文艺

[中秋诗句]

八月十五夜月
唐·杜甫

满月飞明镜,归心折大刀。
转蓬行地远,攀桂仰天高。
水路疑霜雪,林栖见羽毛。
此时瞻白兔,直欲数秋毫。

⊥ 四川新都出土东汉月神羽人画像砖

月夜忆舍弟
唐·杜甫

戍鼓断人行,秋边一雁声。

露从今夜白,月是故乡明。

有弟皆分散,无家问死生。

寄书长不达,况乃未休兵。

中 秋
唐·李朴

皓魄当空宝镜升,云间仙籁寂无声。

平分秋色一轮满,长伴云衢千里明。

狡兔空从弦外落,妖蟆休向眼前生。

灵槎拟约同携手,更待银河彻底清。

八月十五夜玩月
唐·刘禹锡

天将今夜月,一遍洗寰瀛。

暑退九霄净,秋澄万景清。

星辰让光彩,风露发晶英。

能变人间世,倏然是玉京。

八月十五夜桃源玩月

唐·刘禹锡

尘中见月心亦闲，况是清秋仙府间。

凝光悠悠寒露坠，此时立在最高山。

碧虚无云风不起，山上长松山下水。

群动倏然一顾中，天高地平千万里。

少君引我升玉坛，礼空遥请真仙官。

云軿欲下星斗动，天乐一声肌骨寒。

金霞昕昕渐东上，轮欹影促犹频望。

绝景良时难再并，他年此日应惆怅。

望月怀远

唐·张九龄

海上生明月，天涯共此时。

情人怨遥夜，竟夕起相思！

灭烛怜光满，披衣觉露滋。

不堪盈手赠，还寝梦佳期。

霜月

唐·李商隐

初闻征雁已无蝉，百尺楼高水接天。

青女素娥俱耐冷，月中霜里斗婵娟。

┐ 瑶台步月图　宋·刘宗古 作

秋宵月下有怀

唐·孟浩然

秋空明月悬,光彩露沾湿。

惊鹊栖未定,飞萤卷帘入。

庭槐寒影疏,邻杵夜声急。

佳期旷何许!望望空伫立。

中秋待月

唐·陆龟蒙

转缺霜轮上转迟, 好风偏似送佳期。

帘斜树隔情无限, 烛暗香残坐不辞。

最爱笙调闻北里, 渐看星澹失南箕。

何人为校清凉力, 欲减初圆及午时。

春江花月夜

唐·张若虚

春江潮水连海平,海上明月共潮生。

滟滟随波千万里,何处春江不月明。

江流宛转绕芳甸,月照花林皆似霰。

空里流霜不觉飞,汀上白沙看不见。

江天一色无纤尘,皎皎空中孤月轮。

江畔何人初见月？江月何年初照人？
人生代代无穷已，江月年年只相似。
不知江月待何人，但见长江送流水。
白云一片去悠悠，青枫浦上不胜愁。
谁家今夜扁舟子？何处相思明月楼？
可怜楼上月徘徊，应照离人妆镜台。
玉户帘中卷不去，捣衣砧上拂还来。
此时相望不相闻，愿逐月华流照君。
鸿雁长飞光不度，鱼龙潜跃水成文。
昨夜闲潭梦落花，可怜春半不还家。
江水流春去欲尽，江潭落月复西斜。
斜月沉沉藏海雾，碣石潇湘无限路。
不知乘月几人归，落花摇情满江树。

静夜思

唐·李白

床前明月光，

疑是地上霜。

举头望明月，

低头思故乡。

把酒问月
唐·李白

青天有月来几时?我今停杯一问之。
人攀明月不可得,月行却与人相随。
皎如飞镜临丹阙,绿烟灭尽清辉发。
但见宵从海上来,宁知晓向云间没?
白兔捣药秋复春,嫦娥孤栖与谁邻?
今人不见古时月,今月曾经照古人。
古人今人若流水,共看明月皆如此。
唯愿当歌对酒时,月光长照金樽里。

八月十五日夜
唐·徐凝

皎皎秋空八月圆,常娥端正桂枝鲜。
一年无似如今夜,十二峰前看不眠。

常 娥
唐·李商隐

云母屏风烛影深,长河渐落晓星沉。
常娥应悔偷灵药,碧海青天夜夜心。

八月十五日夜湓亭望月

唐·白居易

昔年八月十五夜,曲江池畔杏园边。

今年八月十五夜,湓浦沙头水馆前。

西北望乡何处是,东南见月几回圆。

昨风一吹无人会,今夜清光似往年。

夜月看潮图　宋·李嵩 作

天竺寺八月十五日夜桂子
唐·皮日休

玉颗珊珊下月轮,殿前拾得露华新。

至今不会天中事,应是嫦娥掷与人。

中秋月
宋·晏殊

十轮霜影转庭梧,此夕羁人独向隅。

未必素娥无怅恨,玉蟾清冷桂花孤。

中秋月
宋·苏轼

暮云收尽溢清寒,银汉无声转玉盘。

此生此夜不长好,明月明年何处看。

和子由中秋见月
宋·苏轼

明月未出群山高,瑞光千丈生白毫。

一杯未尽银阙涌,乱云脱坏如崩涛。

谁为天公洗眸子,应费明河千斛水。

遂令冷看世间人,顾我湛然心不起。

祭月

西南火星如弹丸，角尾奕奕苍龙蟠。
今宵注眼看不见，更许萤火争清寒。
何人叙舟临古汴，千灯夜作鱼龙变。
曲折无心逐浪花，低昂赴节随歌板。
青荧灭没转前山，浪飑风回岂复坚。
明月易低人易散，归来呼酒更重看。
堂前月色愈清好，咽咽寒螀鸣露草。
卷帘推户寂无人，窗下咿哑唯楚老。
南都从事莫羞贫，对月题诗有几人。
明朝人事随日出，恍然一梦瑶台客。

中秋登楼望月

宋·米芾

目穷淮海满如银，万道虹光育蚌珍。
天上若无修月户，桂枝撑损向西轮。

┗ 秋江暝泊图　宋·无名氏 作　赵构 题

寄黄龙清老三首之一

宋·黄庭坚

万山不隔中秋月，

一雁能传寄远书。

深密伽陀枯战笔，

真成相见问何如。

中秋月长句

宋·杨万里

西山走下丹砂丸,东山飞上黄金盘。
径从碧海升青天,半湿尚带波涛痕。
初辉淡淡寒不动,月华犹轻桂华重。
黄罗团扇暗花纹,蹙金突起双龙凤。
须臾正面天中央,银钲退尽向来黄。
乾坤熔入冰壶里,万象都无只有光。
平生爱月爱今夕,古人与我同此癖。
去年中秋天漆黑,今年中秋月雪白。
先生旧不论升斗,近来畏病不饮酒。
月下醒眼搔白首,明年月似今宵否?

倪庄中秋

金·元好问

强饭日逾瘦,狭衣秋已寒。
儿童漫相忆,行路岂知难。
露气入茅屋,溪声喧石滩。
山中夜来月,到晓不曾看。

清·曹雪芹《红楼梦》中秋诗句选

时逢三五便团圆，满把晴光护玉栏。
天上一轮才捧出，人间万姓仰头看。
（第一回）

吟月三首
香菱

月桂中天夜色寒，清光皎皎影团团。
诗人助兴常思玩，野客添愁不忍观。
翡翠楼边悬玉镜，珍珠帘外挂冰盘。
良宵何用烧银烛，晴彩辉煌映画栏。

非银非水映窗寒，拭看晴空护玉盘。
淡淡梅花香欲染，丝丝柳带露初干。
只疑残粉涂金砌，恍若轻霜抹玉栏。
梦醒西楼人迹绝，余容犹可隔帘看。

精华欲掩料应难，影自娟娟魄自寒。
一片砧敲千里白，半轮鸡唱五更残。

↓ 赏中秋　选自《清·孙温绘全本红楼梦》

绿蓑江上秋闻笛,红袖楼头夜倚栏。

博得嫦娥应借问,缘何不使永团圆。

(第四十八回、第四十九回)

右中秋夜大观园即景联句三十五韵

(黛湘联)

三五中秋夕,清游拟上元。

撒天箕斗灿,匝地管弦繁。

几处狂飞盏,谁家不启轩。

轻寒风剪剪,良夜景暄暄。

争饼嘲黄发,分瓜笑绿媛。

香新荣玉桂,色健茂金萱。

蜡烛辉琼宴,觥筹乱绮园。

分曹尊一令,射覆听三宣。

骰彩红成点,传花鼓滥喧。

晴光摇院宇,素彩接乾坤。

赏罚无宾主,吟诗序仲昆。

构思时倚槛,拟景或依门。

酒尽情犹在,更残乐已谖。

渐闻语笑寂,空剩雪霜痕。

阶露团朝菌,庭烟敛夕棔。

秋湍泻石髓,风叶聚云根。

1 中秋咏菊　选自《清·孙温绘全本红楼梦》

⊥ 柳荫鸥鹭　选自《清·孙温绘全本红楼梦》

宝婺情孤洁，银蟾气吐吞。

药经灵兔捣，人向广寒奔。

犯斗邀牛女，乘槎待帝孙。

虚盈轮莫定，晦朔魄空存。

壶漏声将涸，窗灯焰已昏。

寒塘渡鹤影，冷月葬花魂。

（妙玉续）

香篆销金鼎，脂冰腻玉盆。

箫增嫠妇泣，衾倩侍儿温。

空帐悬文凤，闲屏掩彩鸳。

露浓苔更滑，霜重竹难扪。

犹步萦纡沼，还登寂历原。

石奇神鬼搏，木怪虎狼蹲。

赑屃朝光透，罘罳晓露屯。

振林千树鸟，啼谷一声猿。

歧熟焉忘径，泉知不问源。

钟鸣栊翠寺，鸡唱稻香村。

有兴悲何继，无愁意岂烦。

芳情只自遣，雅趣向谁言。

彻旦休云倦，烹茶更细论。

（第七十六回）

[中秋词]

水调歌头
宋·苏东坡

丙辰中秋,欢饮达旦。大醉,作此篇,兼怀子由。

明月几时有?把酒问青天。
不知天上宫阙,今夕是何年?
我欲乘风归去,又恐琼楼玉宇,高处不胜寒。
起舞弄清影,何似在人间!

转朱阁,低绮户,照无眠。
不应有恨,何事长向别时圆?
人有悲欢离合,月有阴晴圆缺,此事古难全。
但愿人长久,千里共婵娟。

西江月
宋·苏轼

顷在黄州,春夜行蕲水中。过酒家,饮酒醉。
乘月至一溪桥上,解鞍,曲肱醉卧少休。及觉已晓,
乱山攒拥,流水锵然,疑非尘世也。书此语桥柱上。

照野弥弥浅浪，横空隐隐层霄。
障泥未解玉骢骄，我欲醉眠芳草。

可惜一溪风月，莫教踏碎琼瑶。
解鞍欹枕绿杨桥，杜宇一声春晓。

太常引
宋·辛弃疾

一轮秋影转金波，飞镜又重磨。
把酒问姮娥：被白发、欺人奈何？

乘风好去，长空万里，直下看山河。
斫去桂婆娑，人道是、清光更多。

木兰花慢
宋·辛弃疾

可怜今夕月，向何处，去悠悠？是别有人间，那边才见、光影东头？是天外空汗漫，但长风、浩浩送中秋？飞镜无根谁系？

恒娥不嫁谁留？

谓经海底问无由，恍惚使人愁。怕万里长鲸，纵横触破，玉殿琼楼。虾蟆故堪浴水，问云何：玉兔解沉浮？若道都齐无恙，云何渐渐如钩？

满江红
宋·辛弃疾

快上西楼，怕天放、浮云遮月。
但唤取、玉纤横笛，一声吹裂。
谁做冰壶浮世界，最怜玉斧修时节。
问嫦娥、孤冷有愁无，应华发。

玉液满，琼杯滑。长袖起，清歌咽。
叹十常八九，欲磨还缺。
若得长圆如此夜，人情未必看承别。
把从前、离恨总成欢，归时说。

虞美人
南唐·李煜

春花秋月何时了，往事知多少？
小楼昨夜又东风，故国不堪回首月明中。

葡萄草虫图　宋·林椿 作

雕阑玉砌应犹在，只是朱颜改。

问君能有几多愁，恰似一江春水向东流。

望汉月

宋·柳永

明月明月明月。争奈乍圆还缺。

恰如年少洞房人，暂欢会、依前离别。

中秋帖　晋·王献之

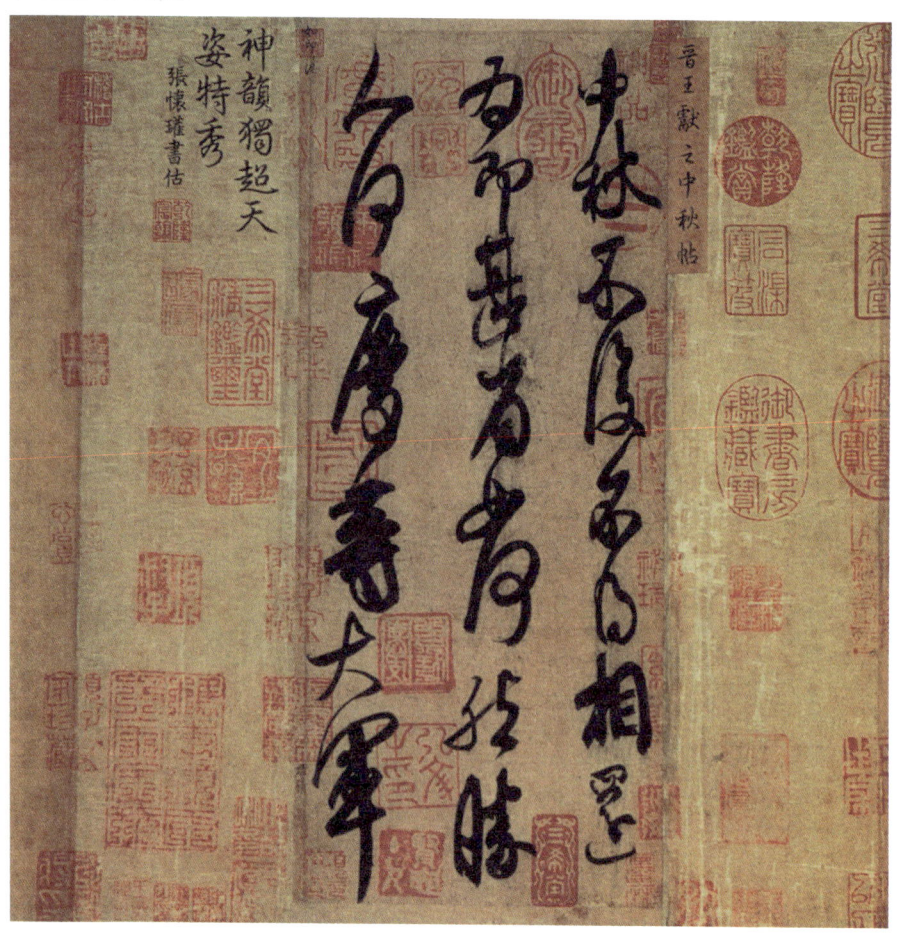

小楼凭槛处,正是去年时节。
千里清光又依旧,奈夜永、厌厌人绝。

回董提举中秋请宴启
宋·文天祥
照江叠节,载画舫之清冰;待月举杯,呼芳樽于绿净。
拜华星之坠几,约明月之浮槎。
风雨满城,何幸两重阳之近;江山如画,尚从前赤壁之游。
槁秸申酬,轮嗣布。

念奴娇
明·文徵明
桂花浮玉,正月满天街,夜凉如洗。
风泛须眉并骨寒,人在水晶宫里。
蛟龙偃蹇,观阙嵯峨,缥缈笙歌沸。
霜华满地,欲跨彩云飞起。

记得去年今夕,酾酒溪亭,淡月云来去。
千里江山昨梦非,转眼秋光如许。
青雀西来,嫦娥报我,道佳期近矣。
寄言俦侣,莫负广寒沉醉。

[中秋文章选读]

秦淮看月记
明·潘之恒

戊午中秋,登虎丘见月而思秦淮也。几望及望,月色如昼,逢丽姬金、王两姓,从千人中独见而月不能为之奇。时善音者,皆集金陵,子夜闻之靡靡耳。至己未是日,则余居金陵已七见圆魄,靳一而将行,秦淮人之曰:"胡冀之不思,思而去之,是将又思。"乃发慨而止。上弦以来,犹吴咋也,几及两夕而忽若失之,则人或胜于吴,非人胜而情胜也。匝青溪夹岸竞传吴音,而阁中以真情胜者,则元女之珠献彩女之箫,随其孤调皆绿云之音,其为剧,如琵琶、明珠更为奇绝,余悔其闻之晚而娱耳浅也,应为废吴思,而胡以又之,令当吴游,片石尽肯,可中易仄,剑池一勺,若海印发光矣。因掷笔空中,俄而云开月出,恍置身于虎丘间,因为歌曰:"我之思兮云隐,月中生兮风中殒,忽如梦兮如醒,我又思兮瀛海,龙衔光兮凤舒彩,忽以游兮以嬉,愿千秋兮无改。"

上香
清·曹雪芹

贾母笑道:"此时月已上了,咱们且去上香。"说着,便起身扶着宝玉的肩,带领众人齐往园中来。

当下园之正门俱已大开,吊着羊角大灯。嘉荫堂前月台上,焚着斗香,秉着风烛,陈献着瓜饼及各色果品。邢夫人等一干女客皆在里面久候。真是月明灯彩,人气香烟,晶艳氤氲,不可形状。地下铺着拜毡锦

褥。贾母盥手上香拜毕,于是大家皆拜过。贾母便说:"赏月在山上最好。"因命在那山脊上的大厅上去。众人听说,就忙着在那里去铺设。贾母且在嘉荫堂中吃茶少歇,说些闲话。

一时,人回:"都齐备了。"贾母方扶着人上山来。王夫人等因说:"恐石上苔滑,还是坐竹椅上去。"贾母道:"天天有人打扫,况且极平稳的宽路,何必不疏散疏散筋骨。"于是贾赦贾政等在前导引,又是两个老婆子秉着两把羊角手罩,鸳鸯、琥珀、尤氏等贴身搀扶,邢夫人等在后围随,从下逶迤而上,不过百余步,至山之峰脊上,便是这座敞厅。因在山之高脊,故名曰凸碧山庄。厅前平台上列下桌椅,又用一架大围屏隔作两间。凡桌椅形式皆是圆的,特取团圆之意。

(选自《红楼梦》第七十五回)

└ 桂香鸥鹭 选自《清·孙温绘全本红楼梦》

藕香榭饮宴吃螃蟹　选自《清·孙温绘全本红楼梦》

擒玉兔
清·吴承恩

却说那妖精与大圣斗经半日，不分胜败。行者把棒丢起，叫一声"变！"就以一变十，以十变百，以百变千，半天里，好似蛇游蟒搅，乱打妖邪。妖邪慌了手脚，将身一闪，化道清风，即奔碧空之上逃走。行者念声咒语，将铁棒收做一根，纵祥光一直赶来。将近西天门，望见那旌旗闪灼，行者厉声高叫道："把天门的，挡住妖精，不要放他走了！"真个那天门上，有护国天王帅领着庞、刘、苟、毕四大神帅，各展兵器拦阻。妖邪不能前进，急回头，舍死忘生，使短棍又与行者相持。

这大圣用心力抢铁棒，仔细迎着看时，见那短棍儿一头壮，一头细，却似舂碓臼的杵头模样，叱咤一声喝道："孽畜！你拿的是什么器械，敢与老孙抵敌！快早降伏，免得这一棒打碎你的天灵！"那妖邪咬着牙道："你也不知我这兵器！听我道：

仙根是段羊脂玉，磨琢成形不计年。
混沌开时吾已得，洪蒙判处我当先。
源流非比凡间物，本性生来在上天。
一体金光和四相，五行瑞气合三元。
随吾久住蟾宫内，伴我常居桂殿边。
因为爱花垂世境，故来天竺假婵娟。
与君共乐无他意，欲配唐僧了宿缘。
你怎欺心破佳偶，死寻赶战逞凶顽！
这般器械名头大，在你金箍棒子前。
广寒宫里捣药杵，打人一下命归泉！"
……

行者回头看时，原来是太阴星君，后带着姮娥仙子，降彩云到于当面。慌得行者收了铁棒，躬身施礼道："老太阴，那里来的？老孙失回避了。"太阴道："与你对敌的这个妖邪，是我广寒宫捣玄霜仙药之玉兔也。他私自偷开玉关金锁，走出宫来，经今一载。我算他目下有伤命之灾，特来救他性命，望大圣看老身饶他罢。"行者喏喏连声，只道："不敢！不敢！怪道他会使捣药杵！原来是个玉兔儿！老太阴不知，他摄藏了天竺国王之公主，却又假合真形，欲破我圣僧师父之元阳。其情其罪，其实何甘！怎么便可轻恕饶他？"太阴道："你亦不知。那国王之公主，也不是凡人，原是蟾宫中之

⊥ 三彩兔纹碟（辽）

素娥。十八年前,他曾把玉兔儿打了一掌,却就思凡下界。一灵之光,遂投胎于国王正宫皇后之腹,当时得以降生。这玉兔儿怀那一掌之仇,故于旧年走出广寒,抛素娥于荒野。但只是不该欲配唐僧,此罪真不可逭。幸汝留心,识破真假,却也未曾伤损你师。万望看我面上,恕他之罪,我收他去也。"行者笑道:"既有这些因果,老孙也不敢抗违。但只是你收了玉兔儿,恐那国王不信,敢烦太阴君同众仙妹将玉兔儿拿到那厢,对国王明证明证。一则显老孙之手段,二来说那素娥下降之因由,然后着那国王取素娥公主之身,以见显报之意也。"太阴君信其言,用手指定妖邪,喝道:"那孽畜还不归正同来!"玉兔儿打个滚,现了原身。真个是:

缺唇尖齿,长耳稀须。团身一块毛如玉,展足千山蹄若飞。直鼻垂酥,果赛霜华填粉腻;双睛红映,犹欺雪上点胭脂。伏在地,白穰穰一堆素练;伸开腰,白铎铎一架银丝。几番家,吸残清露瑶天晓,捣药长生玉杵奇。

那大圣见了不胜欣喜,踏云光向前引导。那太阴君领着众姮娥仙子,带着玉兔儿,径转天竺国界。此时正黄昏,看看月上。到城边,闻得谯楼上擂鼓。那国王与唐僧尚在殿内,八戒沙僧与多官都在阶前,方议退朝,只见正南上一片彩霞,光明如昼。众抬头看处,又闻得孙大圣厉声高叫道:"天竺陛下,请出你那皇后嫔妃看者。这宝幢下乃月宫太阴星君,两边的仙妹是月里嫦娥。这个玉兔儿却是你家的假公主,今现真相也。"那国王急召皇后嫔妃与宫娥彩女等众,朝天礼拜。他和唐僧及多官亦俱望空拜谢。满城中各家各户,也无一人不设香案,叩头念佛。正此观看处,猪八戒动了欲心,忍不住跳在空中,把霓裳仙子抱住道:"姐姐,我与你是旧相识,我和你耍子儿去也。"行者上前揪着八戒,打了两掌,骂道:"你这个村泼呆子!此是什么去处,敢动淫心!"八戒道:"拉闲散闷耍子而已!"那太阴君令转仙幢与众嫦娥收回玉兔,径上月宫而去。

(选自《西游记》第九十五回)

崂山道士

清·蒲松龄

邑有王生,行七,故家子。少慕道,闻劳山多仙人,负笈往游。登一顶,有观宇,甚幽。一道士坐蒲团上,素发垂领,而神光爽迈。叩而与语,理甚玄妙。请师之。道士曰:"恐娇惰不能作苦。"答言:"能之。"其门人甚众,薄暮毕集。王俱与稽首,遂留观中。凌晨,道士呼王去,授以斧,使随众采樵。王谨受教。过月余,手足重茧,不堪其苦,阴有归志。

一夕归,见二人与师共酌,日已暮,尚无灯烛。师乃剪纸如镜,粘壁间。俄顷,月明辉室,光鉴毫芒。诸门人环听奔走。一客曰:"良宵胜乐,不可不同。"乃于案上取壶酒,分赉诸徒,且嘱尽醉。王自思:七八人,壶酒何能遍给?遂各觅盎盂,竞饮先酾,惟恐樽尽;而往复挹注,竟不少减。心奇之。俄一客曰:"蒙赐月明之照,乃尔寂饮。何不呼嫦娥来?"乃以箸掷月中。见一美人,自光中出。初不

↓ 中秋赏月(选自《清院本十二月令图轴》)

盈尺,至地遂与人等。纤腰秀项,翩翩作"霓裳舞"。已而歌曰:"仙仙乎,而还乎,而幽我于广寒乎!"其声清越,烈如箫管。歌毕,盘旋而起,跃登几上,惊顾之间,已复为箸。三人大笑。又一客曰:"今宵最乐,然不胜酒力矣。其饯我于月宫可乎?"三人移席,渐入月中。众视三人,坐月中饮,须眉毕见,如影之在镜中。移时,月渐暗;门人然烛来,则道士独坐而客杳矣。几上肴核尚故。壁上月,纸圆如镜而已。道士问众:"饮足乎?"曰:"足矣。""足宜早寝,勿误樵苏。"众诺而退。王窃欣慕,归念遂息。

又一月,苦不可忍,而道士并不传教一术。心不能待,辞曰:"弟子数百里受业仙师,纵不能得长生术,或小有传习,亦可慰求教之心;今阅两三月,不过早樵而暮归。弟子在家,未谙此苦。"道士笑曰:"我固谓不能作苦,今果然。明早当遣汝行。"王曰:"弟子操作多日,师略授小技,此来为不负也。"道士问:"何术之求。"王曰:"每见师行处,墙壁所不能隔,但得此法足矣。"道士笑而允之。乃传以诀,令自咒毕,呼曰:"入之!"王面墙,不敢入。又曰:"试入之。"王果从容入,及墙而阻。道士曰:"俯首骤入,勿逡巡!"王果去墙数步,奔而入;及墙,虚若无物;回视,果在墙外矣。大喜,入谢。道士曰:"归宜洁持,否则不验。"遂助资斧,遣之归。

抵家,自诩遇仙,坚壁所不能阻。妻不信。王效其作为,去墙数尺,奔而入,头触硬壁,蓦然而踣。妻扶视之,额上坟起,如巨卵焉。妻揶揄之。王惭忿,骂老道士之无良而已。

异史氏曰:"闻此事,未有不大笑者;而不知世之为王生者,正复不少。今有伧父,喜痰毒而畏药石,遂有舐痈吮痔者,进宣威逞暴之术,以迎其旨,诒之曰:'执此术也以往,可以横行而无碍。'初试未尝不小效,遂谓天下之大,举可以如是行矣,势不至触硬壁而颠蹶不止也。"

(选自《聊斋志异》)

奔月

鲁迅

还没有走完高粱田，天色已经昏黑；蓝的空中现出明星来，长庚在西方格外灿烂。马只能认着白色的田塍走，而且早已筋疲力竭，自然走得更慢了。幸而月亮却在天际渐渐吐出银白的清辉。

"讨厌！"羿听到自己的肚子里骨碌骨碌地响了一阵，便在马上焦躁了起来。"偏是谋生忙，便偏是多碰到些无聊事，白费工夫！"他将两腿在马肚子上一磕，催它快走，但马却只将后半身一扭，照旧地慢腾腾。

"嫦娥一定生气了，你看今天多么晚。"他想。"说不定要装怎样的脸给我看哩。但幸而有这一只小母鸡，可以引她高兴。我只要说：太太，这是我来回跑了二百里路才找来的。不，不好，这话似乎太逞能。"

他望见人家的灯火已在前面，一高兴便不再想下去。马也不待鞭策，自然飞奔。圆的雪白的月亮照着前途，凉风吹脸，真是比大猎回来时还有趣。

马自然而然地停在垃圾堆边；羿一看，仿佛觉得异样，不知怎地似乎家里乱毵毵。迎出来的也只有一个赵富。

"怎的？王升呢？"他奇怪地问。

"王升到姚家找太太去了。"

"什么？太太到姚家去么？"羿还呆坐在马上，问。

"喳……。"他一面答应着，一面去接马缰和马鞭。

羿这才爬下马来，跨进门，想了一想，又回过头去问道——

"不是等不迭了，自己上饭馆去了么？"

"喳。三个饭馆，小的都去问过了，没有在。"

羿低了头，想着，往里面走，三个使女都惶惑地聚在堂前。他便很诧异，大声的问道——

"你们都在家么？姚家，太太一个人不是向来不去的么？"

她们不回答，只看看他的脸，便来给他解下弓袋和箭壶和装着小母鸡的网兜。羿忽然心惊肉跳起来，觉得嫦娥是因为气您寻了短见了，便叫女庚去叫赵富来，要他到后园的池里树上去看一遍。但他一跨进房，便知道这推测是不确的了：房里也很乱，衣箱是开着，向床里一看，首先就看出失少了首饰箱。他这时正如头上淋了一盆冷水，金珠自然不算什么，然而那道士送给他的仙药，也就放在这首饰箱里的。

羿转了两个圆圈，才看见王升站在门外面。

"回老爷，"王升说，"太太没有到姚家去；他们今天也不打牌。"

羿看了他一眼，不开口。王升就退出去了。

"老爷叫？……"赵富上来，问。

羿将头一摇，又用手一挥，叫他也退出去。

羿又在房里转了几个圈子，走到堂前，坐下，仰头看着对面壁上的彤弓、彤矢、卢弓、卢矢、弩机、长剑、短剑，想了些时，才问那呆立在下面的使女们道——

"太太是什么时候不见的？"

"掌灯时候就不看见了，"女乙说，"可是谁也没见她走出去。"

"你们可见太太吃了那箱里的药没有？"

"那倒没有见。但她下午要我倒水喝是有的。"

羿急得站了起来，他似乎觉得，自己一个人被留在地上了。

"你们看见有什么向天上飞升的么？"他问。

"哦！"女辛想了一想，大悟似的说，"我点了灯出去的时候，的确看见一个黑影向这边飞去的，但我那时万想不到是太太……"于是她的脸色苍白了。

"一定是了！"羿在膝上一拍，即刻站起，走出屋外去，回头问着女辛道，"那边？"

女辛用手一指，他跟着看去时，只见那边是一轮雪白的圆月，挂在空中，其中还隐约现出楼台、树木；当他还是孩子时候祖母讲给他听的月宫中的美景，他依稀记得起来了。他对着浮游在碧海里似的月亮，觉得自己的身子非常沉重。

他忽然愤怒了。从愤怒里又发了杀机，圆睁着眼睛，大声向使女们叱咤道——

"拿我的射日弓来！和三枝箭！"

女乙和女庚从堂屋中央取下那强大的弓，拂去尘埃，并三枝长箭都交在他手里。

他一手拈弓，一手捏着三枝箭，都搭上去，拉了一个满弓，正对着月亮。身子是岩石一般挺立着，眼光直射，闪闪如岩下电，须发开张飘动，像黑色火，这一瞬息，使人仿佛想见他当年射日的雄姿。

飕的一声，——只一声，已经连发了三枝箭，刚发便搭，一搭又发，眼睛不及看清那手法，耳朵也不及分别那声音。本来对面是虽然受了三枝箭，应该都聚在一处的，因为箭箭相衔，不差丝发。但他为必中起见，这时却将手微微一动，使箭到时分成三点，有三个伤。

使女们发一声喊，大家都看见月亮只一抖，以为要掉下来了，——但却还是安然地悬着，发出和悦的更大的光辉，似乎毫无伤损。

"呔！"羿仰天大喝一声，看了片刻；然而月亮不理他。他前进三步，月亮便退了三步；他退三步，月亮却又照数前进了。

他们都默着，各人看各人的脸。

羿懒懒地将射日弓靠在堂门上，走进屋里去。使女们也一齐跟着他。

"唉，"羿坐下，叹一口气，"那么，你们的太太就永远一个人快乐了。她竟忍心撇了我独自飞升？莫非看得我老起来了？但她上月还说：并不算老，若以老人自居，是思想的堕落。"

"这一定不是的。"女乙说，"有人说老爷还是一个战士。"

"有时看去简直好像艺术家。"女辛说。

"放屁！——不过乌老鸦的炸酱面确也不好吃，难怪她忍不住……。"

"那豹皮褥子脱毛的地方，我去剪一点靠墙的脚上的皮来补一补罢，怪不好看的。"女辛就往房里走。

"且慢，"羿说着，想了一想，"那倒不忙。我实在饿极了，还是赶快去做一盘辣子鸡，烙五斤饼来，给我吃了好睡觉。明天再去找那道士要一服仙药，吃了追上去罢。女庚，你去吩咐王升，叫他量四升白豆喂马！"

(选自《故事新编》之《奔月》)

月是故乡明

季羡林

每个人都有个故乡，人人的故乡都有个月亮。人人都爱自己的故乡的月亮。事情大概就是这个样子。但是，如果只有孤零零一个月亮，未免显得有点孤单。因此，在中国古代诗文中，月亮总有什么东西当陪衬，最多的是山和水，什么"山高月小"、"三潭印月"等等，不可胜数。

我的故乡是在山东西北部大平原上。我小的时候，从来没有见过山，也不知山为何物。我曾幻想，山大概是一个圆而粗的柱子吧，顶天立地，好不威风。以后到了济南，才见到山，恍然大悟：山原来是这个样子呀！因此，我在故乡望月，从来不同山联系。像苏东坡说的"月出于东山之上，徘徊于斗牛之间"，完全是我无法想象的。至于水，我的故乡小村却大大地有。几个大苇坑占了小村面积一多半。在我这个小孩子眼中，虽不能像洞庭湖"八月湖水平"那样有气派，但也颇有一点烟波浩渺之势。到了夏天，黄昏以后，我在坑边的场院里躺在地上，数天上的星星。有时候在古柳下面点起篝火，然后上树一摇，成群的知了飞落下来，比白天用嚼烂的麦粒去粘要容易得多。我天天晚上乐此不疲，天天盼望黄昏早早来临。到了更晚的时候，我走到坑边，抬头看到晴空一轮明月，清光四溢，与水里的那个月亮相映成趣。我当时虽然还不懂什么叫诗兴，但也颇而乐之，心中油然有什么东西在萌动。有时候在坑边玩很久，才回家睡觉。在梦中见到两个月亮叠在一起，清光更加晶莹澄澈。第二天一早起来，到坑边苇子丛里去捡鸭子下的蛋，白白地一闪光，手伸向水中，一摸就是一个蛋。此时更是乐不可支了。

我只在故乡呆了六年，以后就离乡背井，漂泊天涯。在济南住了十多年，在北京度过四年，又回到济南呆了一年，然后在欧洲住了近十一年，重又回到北京，到现在已经四十多年了。在这期间，我曾到过世界上将近三十个国家，我看过许许多多的月亮。在风光旖旎的瑞士莱茫湖上，在平沙无垠的非洲大沙漠中，在碧波万顷的大海中，在巍峨雄奇的高山上，我都看到过月亮，这些月亮应该说都是美妙绝伦的，我都异常喜欢。但是，看到它们，我立刻就想到我故乡那苇坑上面和水中的那个小月亮。对比之下，无论如何我也感到，这些广阔世界的大月亮，万万比不上我那心爱的小月亮。不管我离开我的故乡多少万里，我的心立刻就飞来了。我的小月亮，我永远忘不掉你！

我现在已经年近耄耋,住的朗润园是燕园胜地。夸大一点说,此地有茂林修竹,绿水环流,还有几座土山,点缀其间。风光无疑是绝妙的。前几年,我从庐山休养回来,一个同在庐山休养的老朋友来看我。他看到这样的风光,慨然说:"你住在这样的好地方,还到庐山干嘛呢!"可见朗润园给人印象之深。此地既然有山,有水,有树,有竹,有花,有鸟,每逢望夜,一轮当空,月光闪耀于碧波之上,上下空蒙,一碧数顷,而且荷香远溢,宿鸟幽鸣,真不能不说是赏月胜地。荷塘月色的奇景,就在我的窗外。不管是谁来到这里,难道还能不顾而乐之吗?

然而,每值这样的良辰美景,我想到的却仍然是故乡苇坑里的那个平凡的小月亮。见月思乡,已经成为我经常的经历。思乡之病,说不上是苦是乐,其中有追忆,有惆怅,有留恋,有惋惜。流光如逝,时不再来。在微苦中实有甜美在。

月是故乡明,我什么时候能够再看到我故乡的月亮呀!我怅望南天,心飞向故里。

├ 秋山琳宇　宋·燕文贵

后 记

本书是我们的节日系列读本的第三本中秋节读本。内容以介绍中秋节的各种知识、神话、传说、风俗、诗文等为主，间以各种图片，便于普及与传播中秋节文化。本书体例基本沿用《清明》、《端午》，以使大致统一，但也有小的微调，这主要是根据中秋节自身的特点做出的。全书的宗旨依然是追求通俗易懂、雅俗共赏、图文并茂。希望我们的努力能得到广大读者的理解。

本书的编撰工作依然由中国民间文艺家协会的有关同志承担。冯骥才做总序，向云驹负责话说中秋节的撰写，朱芹勤负责神话、传说部分的文字编选，王锦强负责风俗部分的文字编撰，刘晓路负责饮食部分的文字编撰，冯莉负责文艺部分的文字编选和编务工作。高育武负责图片和插图工作。封面、封底"节"字由庄默石篆刻。全书由向云驹统稿。冯骥才、罗杨、赵铁信分别对全书做了审定。

本书的完成还得到了中国文联、宁夏出版有关领导、专家的关心和指导，谨在此一并致以衷心感谢！

编 者

图书在版编目(CIP)数据

中秋 / 中国民间文艺家协会编. -- 银川：宁夏人民教育出版社，2017.12
（我们的节日 / 冯骥才主编）
ISBN 978-7-5544-2372-1

Ⅰ.①中… Ⅱ.①中… Ⅲ.①节日－风俗习惯－中国 Ⅳ.①K892.18

中国版本图书馆CIP数据核字(2017)第294271号

我们的节日·中秋
WOMEN DE JIERI·ZHONGQIU

冯骥才 ● 主编
中国民间文艺家协会 ● 编

责任编辑	陈文军　李亚慧
特约编审	龙城顺
责任校对	向红伟
装帧设计	张亚静
责任印制	殷　戈

黄河出版传媒集团 宁夏人民教育出版社 出版发行

出 版 人	王杨宝
地　　址	宁夏银川市北京东路139号出版大厦（750001）
网　　址	http://www.yrpubm.com
网上书店	http://www.hh-book.com
电子信箱	jiaoyushe@yrpubm.com
邮购电话	0951－5014284
印刷装订	北京雅昌艺术印刷有限公司
印刷委托书号	（宁）0007192

开本	635 mm × 965 mm　1/16
印张	7　　　字数　100千
印数	5000册
版次	2017年12月第1版
印次	2017年12月第1次印刷
书号	ISBN 978-7-5544-2372-1
定价	29.80元

版权所有　侵权必究